Folgen Sie uns!

Wir informieren Sie gerne und regelmäßig über Neuigkeiten, Termine und Kuriositäten aus aller Welt und speziell aus der Welt des CONBOOK Verlags. Folgen Sie uns für News, Specials und Informationen zu unseren Büchern, Themen und Autoren.

www.conbook-verlag.de

www.facebook.com/conbook

www.twitter.com/conbook

www.pinterest.com/conbook

Markus Lesweng, Baujahr 1985, wurde in Köln geboren und ist – zumindest ein Stück weit – dort auch erwachsen geworden. Nach jugendlichen Engagements als Zauberhändler und Kindergärtner studierte er in seiner Heimatstadt erfolgreich Volkswirtschaftslehre mit den nur scheinbar gegensätzlichen Schwerpunkten Statistik und Prostitution.

Kurz nach dem Abschluss infizierte er sich mit (bis heute ungeheiltem) Reisefieber und verbrachte den besseren Teil von zwei Jahren mit einer Rundreise durch Australien, Neuseeland und Polynesien. Während dieser Zeit verdiente er seine Brötchen unter anderem als Cowboy, als Ziehvater für verwaiste Kängurus und mit der Zucht australischer Salzwasserkrokodile.

Seit seiner Rückkehr auf die Nordhalbkugel ist er in Russland und Deutschland als selbstständiger Berater für Flughäfen aktiv. In dieser Position hofft er – bislang vergeblich – auf Projekte in Australien.

1. Auflage

www.conbook-verlag.de
www.1-5-1.de

Lektorat: Ulrike Ritter
Einbandgestaltung: LNT Design, Köln
Druck und Verarbeitung: Himmer AG, Augsburg
Printed in Germany – ISBN 978-3-943176-67-4

Bildnachweis (genannt sind die Nummern der Momentaufnahmen, die Bilder nicht genannter Nummern stammen von Markus Lesweng): Markus Bause: 1, 6, 9 (beide), 15, 22, 26, 29, 30, 40, 43, 45, 57, 60, 62, 65, 68, 69, 72 (unten), 83, 85, 94, 95, 97, 102, 108 (links oben), 116, 136, 139, 140, 148, 151 – Julia Hückel: 21, 38, 47, 50, 51, 56, 71, 72 (oben), 79, 88, 98, 99 (oben), 101, 104, 108 (rechts), 111, 123, 133, 143, 144, 146 – Ariane Rooke & Nina Kraus: 4, 5, 11, 12, 33, 34, 37, 39, 75, 86, 93, 108 (links unten), 113, 119, 122, 137 – SATC: 2, 14, 20, 23, 32, 53, 96, 103, 105, 134, 135, 141 – Tourism Australia: 10, 64, 84, 110, 126 – Gemma Richards: 3, 74, 89 – Tourism Australia (Nick Rains): 16, 90, 142 – Australian Capital Tourism: 19, 25, 46 – Tourism Australia (Tom Keating): 24, 49, 77 – Tourism Australia (Oliver Strewe): 36, 41, 129 – Tourism Australia (Brian Geach): 42, 124, 125 – Tourism Australia (Hamilton Lund): 52, 61, 150 – Tourism Australia (Ellenor Argyropoulos): 13, 31 – Tourism Australia (Lincoln Fowler): 59, 80 – Tourism Australia (Adam Bruzzone): 78, 100 – © shutterstock.de/Eky Studio: 7 (Hintergrund) – Summernats: 7 (Polaroid innen) – © istockphoto.com/Nic_Taylor: 7 (Polaroid) – © istockphoto.com/fotofritz16: 8 – Tourism Australia (Jon Armstrong): 17 – © istockphoto.com/rogerrosentreter: 18 – Tourism Australia (Joe Shemesh): 27 – National Australia Day Council: 35 – Tourism Australia (Masaru Kitano snaK Productions): 44 – © istockphoto.com/Redzaal: 48 – © istockphoto.com/stevenmaltby: 54 – Tourism Australia (Dominic Harcourt-Webster): 55 – Henley on Todd Inc: 58 – © istockphoto.com/photographereddie: 63 – Tourism Australia (Paddy Pallin Jindabyne): 66 – Tourism Australia (Sam Lambrou): 67 – Tourism Australia (Gerry Colley): 76 – © istockphoto.com/LeeTorrens: 81 – Tourism Australia (Jeff Drewitz): 87 – © istockphoto.com/billabong: 91 – Connections/Tourism Australia (Chris McLennan): 92 – Tourism Australia (Hugh Stewart): 99 (unten) – Tourism Australia (Sean Santos): 106 – © istockphoto.com/travellinglight: 107 – Tourism Australia (D. Gillespie): 114 – Tourism Australia (Philip Gostelow): 117 – Australia's Coral Coast: 118 – Brisbane marketing: 120 – © istockphoto.com/CraigRJD: 121 – Tourism Australia (Tara-Ann Nash): 127 – Old Bus Depot Markets: 131 – Tourism Australia (Mark Chew): 132 – Tourism Australia (Anson Smart): 147 – Tourism Australia (Carolyn Johns): 149

»Schlaglichter auf Gesellschaft, Flora und Fauna Australiens wirft Markus Lesweng in diesem Reiseführer. Garniert mit tollen Bildern!«
BÖRSENBLATT – DAS MAGAZIN FÜR DEN DEUTSCHEN BUCHHANDEL, HEFT 12, 2014

AUSTRALIEN 151

Portrait der großen Freiheit in 151 Momentaufnahmen

Momentaufnahmen

1 Ahhh! – Dropbears

Ein ganz besonderer Fall

Dass die australische Fauna so manche Überraschung bereithält, dürfte weithin bekannt sein. Doch viele Besucher aus fernen Ländern haben gar keine Vorstellung davon, worauf sie sich wirklich einlassen. Ein Beispiel dafür sind die gefürchteten *dropbears.*

Zwar sehen *dropbears* den ikonischen Koalas ausgesprochen ähnlich, doch der Schein trügt. Der Experte vermag einen *dropbear* leicht an den spitzeren Ohren zu identifizieren, doch der Laie wird mit der Unterscheidung seine Schwierigkeiten haben – zumal sich die Tiere gerne in den luftigen Höhen der Eukalyptusbäume versteckt halten. Doch genau das macht sie so gefährlich: Nicht nur handelt es sich bei den *dropbears* im Gegensatz zu den knuffigen Koalas um echte Bären, zudem sind sie als Fleischfresser auch auf den Geschmack argloser Touristen gekommen.

Üblicherweise wird sich der *dropbear* aus dem Geäst auf seine ahnungslosen Opfer stürzen, denen keine Zeit bleibt, den Angriff abzuwehren. Obwohl solche Unfälle wesentlich häufiger auftreten als etwa die Angriffe von Haifischen auf Surfer, gelingt es den australischen Behörden erstaunlich gut, den Deckmantel des Schweigens über diese Zwischenfälle zu breiten – undenkbar groß wäre der Imageschaden für das Land.

So oder so ähnlich werden australische Gastgeber Neuankömmlinge im Lande über die zu erwartenden Risiken aufklären. Es ist die australische Art, jemanden willkommen zu heißen: *Pulling your leg* ist ihre Bezeichnung, »durch den Kakao ziehen« wäre eine angemessene Übersetzung. Der Fantasie sind dabei keine Grenzen gesetzt: *Dropbears* sind als legendäre Kreaturen recht verbreitet; manche erzählen lieber von gigantischen *meatflies* (überdimensionierten Fliegen, die das Fleisch vom Grill klauen) oder dem mythischen *bunyip.* Natürlich besteht in einem Land wie Australien das ständige Risiko, dass solcher Humor von der Realität eingeholt wird. Ein Beispiel dafür wäre die bellende Spinne. Doch fürs Erste sollte man als Reisender diese Begrüßung als kleinen Test verstehen, mit dem die Australier prüfen möchten, ob man aus dem richtigen Holz geschnitzt ist. Erst wenn man einem dieser Späße zum Opfer gefallen ist, ist man auch wirklich angekommen.

Dieser *dropbear* erwägt den Angriff auf eine nahende *hoop snake*.

2 Ankunft

Die Insel der 1.000 Gefahren

»*Australia is big!*« – kaum ein Kommentar, den man bei einem Besuch in Australien häufiger hört. Reisende und Einheimische betonen die Ausmaße des Kontinents immer und immer wieder.

Zunächst wundert man sich darüber – die Information ist schließlich ziemlich trivial. Von Norden nach Süden und von Osten nach Westen sind es jeweils rund 4.000 Kilometer, und genau das wird man im Reiseführer gelesen haben – der einen einmal mehr freundlich-bestimmt darauf hinweist, dass Australien groß ist. Und dass man die Entfernungen nicht unterschätzen solle.

Doch es geht nichts darüber, diese Größe selbst zu erfahren. Nach ein paar Wochen im Lande wird man sich ein klein wenig verliebt haben und nebenbei gelernt haben: Eine zweistündige Autofahrt ist für die Einheimischen ein kurzer Trip, und selbst eine achtstündige Busfahrt scheint einen auf der Landkarte kaum voranzubringen. Nach einer Handvoll solcher Tagesreisen macht sich das Sitzfleisch bemerkbar – und es folgt die Einsicht, dass Australien anscheinend wirklich groß ist.

Von diesem Zeitpunkt an kann man natürlich nicht davon ablassen, andere Mitreisende an diesem Wissen teilhaben zu lassen. Vor allem jene, die ihre Reise übereifrig angehen und das ganze Land in einem Monat entdecken wollen. Realistischer wäre ein Zeitraum zwischen einem Jahr und einem Leben, denn: Australien ist wirklich, wirklich groß.

Und zwar so groß wie die USA. Oder wie all das, was man gemeinhin unter Europa versteht. Bloß ohne die sechsspurigen Autobahnen und Hochgeschwindigkeitszüge. Auch *down under* kommt man voran, meist komfortabel und pünktlich, aber man muss ein wenig Geduld mitbringen. Und das ist auch in Ordnung: Denn wer hetzt, wird die besten Sachen verpassen.

Für eine Umrundung Australiens, Tasmanien inklusive, habe ich etwa ein Jahr gebraucht. Abwechselnd habe ich auf Farmen gearbeitet und die Umgebung erkundet, doch bereut habe ich allenfalls, dass ich bei dieser Tour *around the block* nicht noch mehr Zeit hatte. Denn Australien ist nicht nur groß, sondern vor allem großartig.

3 Ants
Beißfreudige Biester

Wer sich im Garten herumtreibt, wird ihre Bekanntschaft machen: Die Rede ist von australischen Ameisen. Grundsätzlich spricht nichts gegen eine friedliche Koexistenz mit den Insekten, doch hin und wieder gerät man in die Schusslinie beißfreudiger Exemplare.

Wer in Australien an Bäumen und Büschen herumdoktert, wird die Erfahrung früher (und öfter) machen, als ihm lieb sein kann. Tagträumend geht man seiner Arbeit nach, inmitten der exotischen Natur, bis auf einmal ein eigenartiger scharfer Geruch in der Luft liegt. Ein wenig wie Essig, aber so stechend, dass er künstlich anmutet. Doch kaum ist der Duft in der Nase, ist es auch schon zu spät – der arglose Gärtner wurde von den Ameisen als Angreifer markiert.

Von der Duftnote unwiderstehlich angezogen, sammeln sich Dutzende angriffslustige Ameisen am Körper und bringen durch gezieltes Nagen ihren Unmut zum Ausdruck. Glücklicherweise haben die Bisse der häufigsten Gattungen, wie etwa die der hübschen grünen Art, keinerlei ernsthafte Folgen, doch für ein stilloses Herumzappeln reicht der Schmerz allemal. Auch hilft keine andere Taktik, als jede Ameise einzeln vom Körper zu pflücken, von Kopf bis Fuß, was durchaus seine Zeit in Anspruch nehmen kann.

Doch Australien wäre nicht Australien, wenn es nicht noch mehr als ein paar harmlose Exemplare zu bieten hätte. So etwa sind nahezu 100 Arten von *bulldog ants* in Australien heimisch. Diese Ameisen werden bis zu vier Zentimeter lang – und ihre Bisse sind entsprechend schmerzhaft. Zwar stürzen sich *bulldog ants* selten in der Gruppe auf Menschen, doch sind sie für ihr aggressives Verhalten bekannt. Experimentierfreudige Zoologen haben gezeigt, dass eine sauber zerteilte *bulldog ant* mit sich selbst zu kämpfen beginnt – und das bis zu einer halben Stunde lang aushält: Der Kopf beißt das Hinterteil, das Hinterteil sticht den Kopf.

4 Asphal-tier-te Straßen

Roadkill

Wer sich nach Australien aufmacht, um die Tierwelt zu erleben, wird zunächst enttäuscht sein. Die erste Begegnung mit dem einheimischen *wildlife* findet nämlich unvermeidlich auf der Straße statt: als Kollateralschaden im Verkehr.

Erst wird man sich noch wundern, warum viele der Autos und Busse, die in ländlichen Gegenden unterwegs sind, mit *roo bars* ausgestattet sind – doch schnell wird klar, dass dieses Gestänge vor der Motorhaube Schutz bei einer unfreiwilligen Kollision mit der australischen Fauna bietet. Gerade bei Dunkelheit und in der Dämmerung sind Unfälle so häufig, dass man sie nicht mehr zählen kann.

Kängurus und Wallabys sind die häufigsten Opfer, doch auch Wombats geraten regelmäßig unter die Räder. Selbst die importierten Tierarten, allen voran Kühe, werden von den Lichtern scheinbar magisch angezogen und verursachen mitunter schwere Unfälle. Dass die Australier auf der falschen Straßenseite fahren, tut ein Übriges, um die Tiere zu irritieren.

Auf ländlichen Straßen sind Kadaver das Normalste auf der Welt; im Outback und gerade in Tasmanien nimmt der *roadkill* allerdings absurde Ausmaße an. Kaum ein Kilometer ohne Tierleiche, die manchmal sogar Zweitopfer fordert, etwa wenn die aasfressenden Vögel nicht schnell genug ihre Beute davontragen.

Zumindest gibt es den Versuch, diese unvermeidlichen Unfälle mit Humor zu nehmen. Mehrere *Roadkill Cafés* werben damit, frisch überfahrene Tiere nach Geschmack zuzubereiten. Angeblich nur ein Werbegag, aber ganz sicher kann man sich nicht sein …

5 Australian Rock

OMG! INXS & AC/DC!

Australiens isolierte Lage macht sich auch heute noch in vielen Punkten bemerkbar. Obwohl das Land kulturell ohne Zweifel ein westliches ist, heißt das nicht, dass beliebte Künstler auch *down under* auftreten können. Oder wollen. Daher entwickelte sich eine eigene Kulturszene, in der insbesondere die Musik auch internationale Aufmerksamkeit erregt.

Das Problem ist verständlich: Der Musikgeschmack ist nicht radikal anders als in Nordamerika oder Europa, aber die großen Acts bequemen sich – wenn überhaupt – nur mit bemerkenswerter Unregelmäßigkeit ans andere Ende der Welt, um dort Konzerte zu geben. Da blieb den Australiern nichts anderes übrig, als ihre eigenen Bands zu gründen. Genau das taten sie auch – nicht ohne Achtungserfolge.

Auch den musikalisch Desinteressierten dürfte AC/DC zumindest ein Begriff sein. Trotz eines Stils, der eher auf der härteren Seite des Rock anzusiedeln ist, schafften es AC/DC schon kurz nach ihrer Gründung 1973, Australien auf der internationalen Landkarte der Musik zu positionieren. Noch Jahrzehnte nach ihren größten Hits gelten sie als eine der erfolgreichsten und besten Bands ihres Genres. Wie es sich für echten Rock 'n' Roll gehört, soff sich der Sänger zu Tode, was die Anerkennung eher noch gesteigert haben dürfte.

AC/DC waren nur die Spitze des Eisbergs. Auf sie folgten zahlreiche Bands, die vor allem mit den Attributen »laut« und »wild« auf sich aufmerksam machen wollten. Doch auch die Achtziger machten vor Australien keinen Halt. Die nächste Band, die globale Bekanntheit erreichen konnte, war INXS – mit merklich weicherem Sound. Die Parallelen zu AC/DC sind leider auch gegeben – Sänger Michael Hutchence nahm sich im Zenit des Ruhmes das Leben und beendete die Erfolgsserie der Band abrupt. Bis heute ranken sich wilde Gerüchte um diesen Suizid: Obwohl Hutchence (zumindest gefühlt) Zeit seines Lebens ausschließlich mit Models ausging, soll er ausgerechnet Opfer eines misslungenen autoerotischen Abenteuers geworden sein. Ernsthafte Hinweise darauf gibt es freilich nicht, doch hat sich diese Story in die australische Popularkultur eingebrannt.

So mancher australischer *rock* ist ziemlich außergewöhnlich.

Autos
Mehr als nur ein fahrbarer Untersatz

Hat es eine Ladefläche und Allradantrieb? Nein? Dann ist es auch kein richtiges Auto. Falls doch, braucht man zwei: ein altes und ein neues. So lässt sich die australische Einstellung zum fahrbaren Untersatz zusammenfassen.

Eine der wichtigeren Lektionen, die man als Kind eingebläut bekommt, ist, nicht bei fremden Leuten ins Auto zu steigen. Im Nachhinein ein sehr weiser Rat, denn als vagabundierende Arbeitskraft hatte ich in Australien öfter das Vergnügen, bei Unbekannten ins Auto steigen zu dürfen. Das ermöglichte die interessantesten Abenteuer der Reise. Und erwies sich oft genug als nervenaufreibend.

Das Auto eines Australiers verrät ungemein viel über seinen Lebensstil. Gepflegte Neuwagen versprechen ein Heim mit Stil und Komfort, selbst mitten im Busch. Rollen einem während der Fahrt verrottende Früchte entgegen oder setzt man sich aus Versehen auf ein rostiges Messer, so kann man sich auf einen eher holprigen Monat der Gastfreundschaft einstellen.

Diese Erkenntnis betrifft zumindest den Erstwagen. Denn so ziemlich jeder Australier scheint einen Zweitwagen zu besitzen, den er nur für bestimmte Aufträge, etwa auf dem eigenen Grundstück, einsetzt. Der Zustand dieser Zweitwagen legt nahe, dass so mancher Schrotthändler schon verhungert sein muss. Dass der Unterbau komplett verrostet ist oder die Bremsen nicht mehr funktionieren, gehört fast schon zum Standard. Besonders vertrauenserweckend ist das nicht, insbesondere dann, wenn man a) auf ein Krokodilgehege zurollt oder b) am öffentlichen Straßenverkehr teilnimmt.

Dass es so selten zu verheerenden Unfällen kommt, ist vermutlich nur darauf zurückzuführen, dass es überhaupt so wenig Verkehr gibt. Ansonsten wären funktionierende Bremsen immerhin unverzichtbar.

Leider ist das Equipment nicht das einzige Risiko im Straßenverkehr, oft befindet sich die große Gefahr zwischen Lenkrad und Sitz. Der Mangel an öffentlichen Verkehrsmitteln in abgelegenen Regionen erzwingt, dass man das Auto nutzt – egal wann, egal in welchen Situationen. Kommen dann die absolute

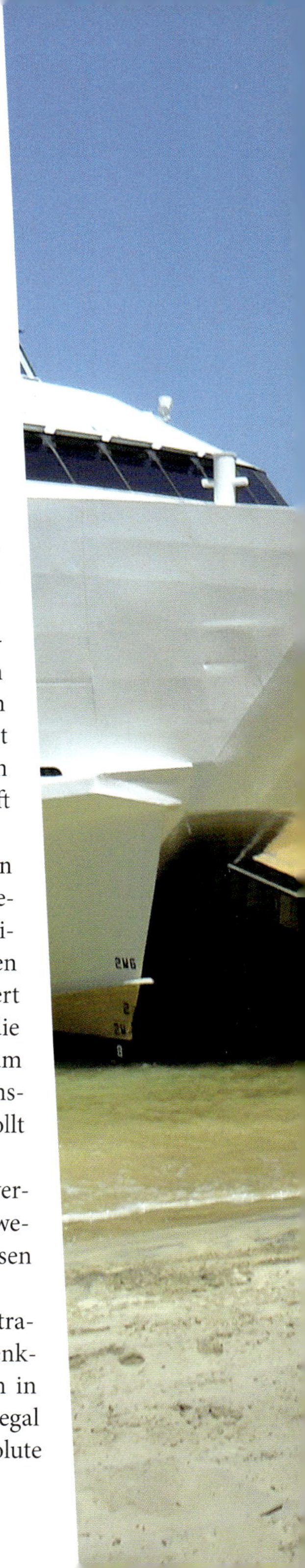

Finsternis auf ländlichen Straßen, Übermüdung, womöglich sogar Alkohol und scheinbar suizidal veranlagte Tiere, die einem spontan vors Auto springen, hinzu, kann es wirklich gefährlich werden. Genau solche Spritztouren sind daher für den Großteil an Unfällen verantwortlich – und damit wesentlich gefährlicher als alle Schlangen im Land zusammen.

7 Bachelor & Spinster Balls

Unzucht statt Inzucht

Über das merkwürdige Verhalten geschlechtsreifer Kleinstädter zur Paarungszeit

Ach, schwierig ist es geworden, in diesen modernen Zeiten den richtigen Partner auszuwählen – klagt so mancher Großstädter. Doch wer im Dorf groß wird, hat das Problem, überhaupt einen Partner zu finden. Je tiefer man im Outback wohnt, desto kleiner ist die Auswahl.

Aus dieser Problematik heraus entstanden die *Bachelor & Spinster Balls* – informelle Feiern, bei denen üppig Gelegenheit bestand, jemanden vom anderen Geschlecht kennenzulernen; gewissermaßen eine frühe Form des Speeddatings.

Doch die *B&S Balls* wurden Opfer ihrer eigenen Popularität und entwickelten sich zu Australiens Antwort auf den Ballermann-Besuch. Es geht nicht mehr um einen Partner fürs Leben, sondern um einen für Stunden (oder Minuten). Nicht ohne Grund darf man nur volljährig an den Veranstaltungen teilnehmen (Kondome sind im Eintrittspreis inbegriffen). Wenigstens nimmt der australische Slang dem Ganzen die Obszönität: Ein *wristy* klingt doch nach harmlosem Vergnügen, oder?

Garniert werden die *B&S Balls* mit großzügigem Alkoholkonsum und Dingen wie Wet-T-Shirt-Contests oder einer netten Runde Schlammcatchen. Die meisten Besucher sind im Laufe des Abends zu betrunken, um noch irgendetwas anderes auf die Reihe zu kriegen, was über Schunkeln und Grölen hinausgeht. Kurzum: Es ist die Art von Veranstaltung, die Eltern nur bedingt stolz macht. Aber: ungemein populär.

Das australische Männchen signalisiert seine Paarungsbereitschaft unter anderem durch extravagante Darbietungen seiner Fahrkünste.

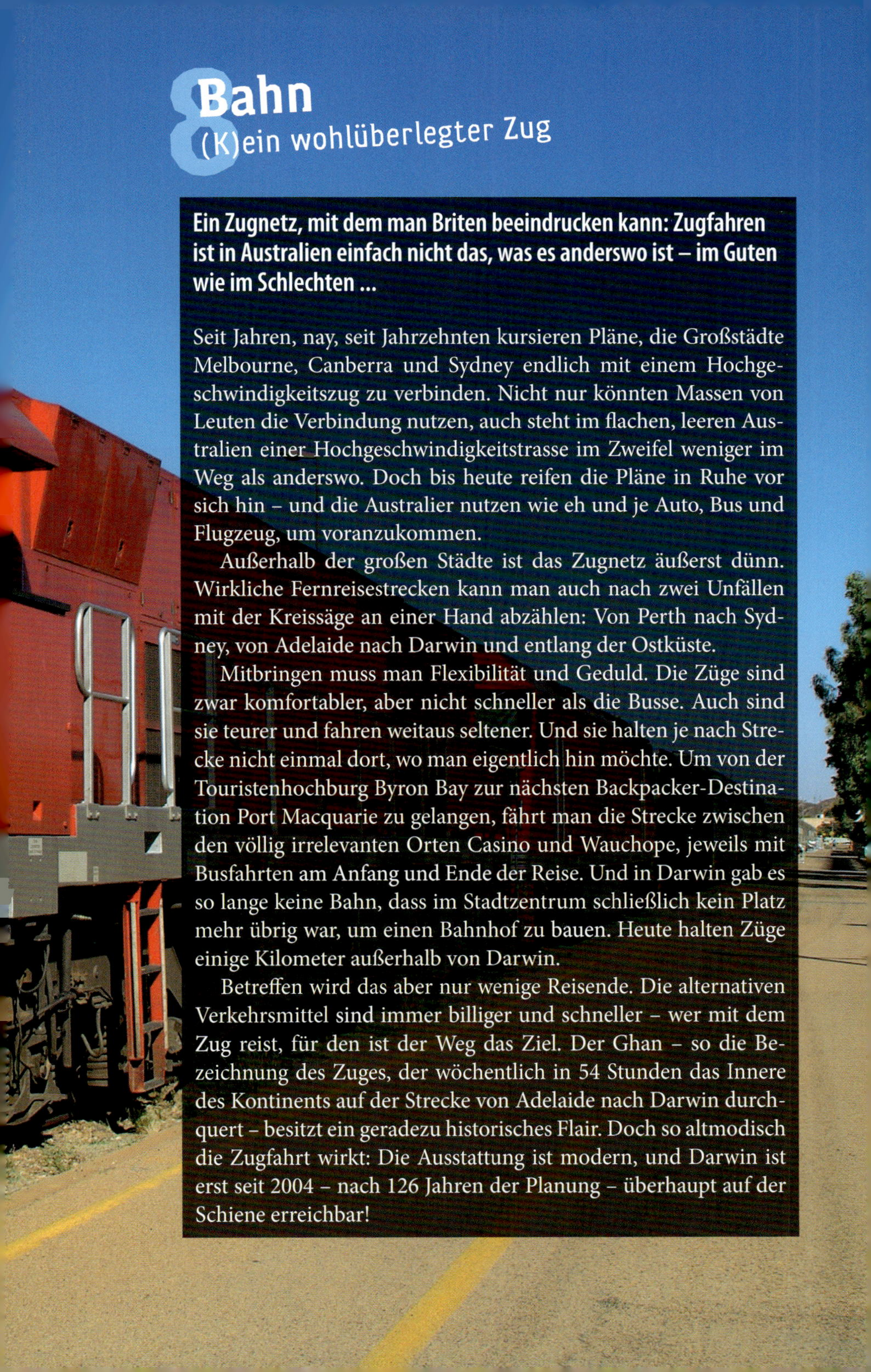

8 Bahn
(K)ein wohlüberlegter Zug

Ein Zugnetz, mit dem man Briten beeindrucken kann: Zugfahren ist in Australien einfach nicht das, was es anderswo ist – im Guten wie im Schlechten ...

Seit Jahren, nay, seit Jahrzehnten kursieren Pläne, die Großstädte Melbourne, Canberra und Sydney endlich mit einem Hochgeschwindigkeitszug zu verbinden. Nicht nur könnten Massen von Leuten die Verbindung nutzen, auch steht im flachen, leeren Australien einer Hochgeschwindigkeitstrasse im Zweifel weniger im Weg als anderswo. Doch bis heute reifen die Pläne in Ruhe vor sich hin – und die Australier nutzen wie eh und je Auto, Bus und Flugzeug, um voranzukommen.

Außerhalb der großen Städte ist das Zugnetz äußerst dünn. Wirkliche Fernreisestrecken kann man auch nach zwei Unfällen mit der Kreissäge an einer Hand abzählen: Von Perth nach Sydney, von Adelaide nach Darwin und entlang der Ostküste.

Mitbringen muss man Flexibilität und Geduld. Die Züge sind zwar komfortabler, aber nicht schneller als die Busse. Auch sind sie teurer und fahren weitaus seltener. Und sie halten je nach Strecke nicht einmal dort, wo man eigentlich hin möchte. Um von der Touristenhochburg Byron Bay zur nächsten Backpacker-Destination Port Macquarie zu gelangen, fährt man die Strecke zwischen den völlig irrelevanten Orten Casino und Wauchope, jeweils mit Busfahrten am Anfang und Ende der Reise. Und in Darwin gab es so lange keine Bahn, dass im Stadtzentrum schließlich kein Platz mehr übrig war, um einen Bahnhof zu bauen. Heute halten Züge einige Kilometer außerhalb von Darwin.

Betreffen wird das aber nur wenige Reisende. Die alternativen Verkehrsmittel sind immer billiger und schneller – wer mit dem Zug reist, für den ist der Weg das Ziel. Der Ghan – so die Bezeichnung des Zuges, der wöchentlich in 54 Stunden das Innere des Kontinents auf der Strecke von Adelaide nach Darwin durchquert – besitzt ein geradezu historisches Flair. Doch so altmodisch die Zugfahrt wirkt: Die Ausstattung ist modern, und Darwin ist erst seit 2004 – nach 126 Jahren der Planung – überhaupt auf der Schiene erreichbar!

9 BBQ

Und er sah, dass es Grillgut war

Wenn es schön warm ist, macht es keinen Spaß, drinnen zu hocken. Also wird draußen gesessen, gegessen und geschlafen. Damit man nicht einmal beim Kochen auf den freien Ausblick auf den Himmel verzichten muss, wurde speziell für Australien das Barbecue erfunden. Damit auch unterwegs immer eines zur Hand ist, gibt es öffentliche Grills – mitunter leichter zu finden als öffentliche Toiletten.

Wenige Dinge sind so universell australisch wie das Barbecue. Der naive Besucher mag sich in der Sicherheit wiegen, er wisse schon übers Grillen Bescheid – das mache man im Sommer schließlich auch immer –, doch das Streben nach dem perfekten Grillerlebnis findet *down under* in einer ganz anderen Liga statt.

Natürlich hat jeder Australier sein Geheimnis, um das hundertprozentig beste Steak zu grillen. Der eine schwört noch auf den klassischen Grill, die Mehrheit hingegen hat sich von den Vorzügen eines Gasgrills überzeugen lassen (mit verschiedenen Oberflächen, versteht sich). Manch einer wird seinen geliebten Grill mit bewundernswerter Pedanterie sauber halten, der Nächste reinigt ihn nur mit Zitronen, manch anderer versichert, dass das Fett der Vorwoche den Geschmack wirklich nur verbessern kann.

Wie es auch läuft: Die rituelle, aber gottlose Zeremonie des BBQ hat ihr eigenes Protokoll. Als Gast hat man die Kochkunst und das professionelle Equipment des Gastgebers zu honorieren. Auch bei der Konversation gibt es einige Punkte zu beachten: Auf die Frage »*How would you like your steak?*« lautet die richtige Antwort *medium* oder *medium rare* (was den begeisterten Hobbykoch sicher nicht davon abhalten wird, das Steak ins Nirwana zu braten). Auf die Frage, ob man Salat möchte, lautet die richtige Antwort: Nein. Genau das ist übrigens auch die Antwort, die der Autor den Lesern nahelegt, die gefragt werden, ob sie ihren Hamburger »mit allem« haben möchten, denn hier schlägt wieder der britische Einfluss auf die Küche durch. »Mit allem« steht nämlich nicht für den beliebten Klassiker BLT – *bacon, lettuce* und *tomato* –, sondern gerne für Zutaten wie rote Beete, Spiegelei und Ananas. Wohl bekomm's.

10 Bergbau
Der Rausch des Goldes

Wir befinden uns im Jahre 2008 n. Chr. Die ganze Welt wird von der Finanzkrise erfasst ... Die ganze Welt? Nein! Ein von unbeugsamen Australiern bevölkertes Land hört nicht auf, dem Abschwung Widerstand zu leisten.

Beneidenswert: Seit der letzten Rezession sind mehr als zwanzig Jahre vergangen, und in den meisten Jahren nach dem Krieg konnte sich Australien an einem gesunden Wirtschaftswachstum erfreuen. Damals wie heute trägt die Ausbeutung von Bodenschätzen wesentlich dazu bei.

Australien ist eine der wenigen Regionen der Welt, in denen durchaus noch Hoffnung besteht, beim *walkabout* aus Versehen über ein fantastisch überdimensioniertes Goldnugget zu stolpern. Zwar ist der *goldrush,* der vor allem Victoria geprägt und solche Legenden erschaffen hat, lange vorbei. Doch ist der Bergbau immer noch einer der Stützpfeiler der australischen Wirtschaft. Australien ist nach wie vor einer der größten Goldproduzenten der Welt, von anderen Edelmetallen (oder Uran) und Edelsteinen ganz zu schweigen. Um diese fördern zu können, werden immer wieder Retortenstädte im Nirgendwo erschaffen, wo man sich in aller Abgeschiedenheit ein goldenes Näschen verdienen kann – die Jobs im *mining business* gelten als äußerst lukrativ. Da der Bergbau aber in den meisten Fällen mit Umweltbelastung einhergeht, wird die Nutzung von Bodenschätzen mittlerweile immer öfter zum Reizthema.

11 Beutelwein

Das schlägt dem Fass den Boden aus

Lange Zeit wurde die australische Weinindustrie nicht ernst genommen. Vor allem in Europa spottete man gerne über die angeblich bescheidenen Versuche der Aussies, sich als Gourmets zu etablieren. Doch der Schuss ging nach hinten los.

In den vergangenen Jahren haben sich die Reben – vor allem in Südaustralien – einen Platz auf der Landkarte der Weinkenner erkämpft. Heute müssen sich die regionalen Produkte nicht mehr hinter der internationalen Konkurrenz verstecken.

Ohne eine Korkindustrie im Nacken, die subventioniert werden möchte, waren es – wenig überraschend – die pragmatischen Australier, die den Drehverschluss für Weinflaschen als Erste voll und ganz akzeptierten. Das bot hochnäsigen Europäern einmal mehr die Gelegenheit, diese verächtlich zu rümpfen. Doch *down under* interessierte das freilich niemanden, und man ging einen Schritt weiter.

Umgeben von Beuteltieren kam einem südaustralischen Farmer die Idee, Wein im Beutel zu verkaufen. Unter der Voraussetzung, dass man kein sensibles Stilempfinden besitzt, eine hervorragende Idee. Im Karton ist der Wein einfacher zu transportieren, billiger und besser haltbar. Der enthaltene Beutel kann zudem wiederverwendet werden – als Feldflasche.

12 Big things

Es kommt doch auf die Größe an

Das Erstaunliche ist nicht, dass irgendjemand einmal auf die Idee gekommen ist, eine überdimensionierte Skulptur zu errichten. Das wirklich Kuriose ist vielmehr, dass andere es für eine gute Idee hielten. Und sie kopierten.

Im Jahre 1963 platzte einem Südaustralier die künstlerische Ader, und er entschied sich, einen gigantischen Dudelsack spielenden Schotten zu errichten.

Kurz darauf wurde die Idee für so genial befunden, dass sich eine Welle von *big things* über den ganzen Kontinent ergoss, mit unterschiedlichen ästhetischen Ansprüchen. Zu ihnen zählen eine überdimensionierte Banane, eine überdimensionierte Gitarre, ein überdimensioniertes Merinoschaf, ein überdimensionierter Tennisschläger, ein überdimensionierter Captain Cook, ein überdimensionierter Liegestuhl, eine überdimensionierte Macadamianuss, ein überdimensionierter Rasenmäher, eine überdimensionierte Ananas, ein überdimensionierter Hummer und ein überdimensioniertes Schaukelpferd. Alle von ihnen sind über zehn Meter groß – und trotzdem handelt es sich nur um eine kleine Auswahl.

Üblicherweise entpuppen sich solche Kunstwerke alsbald als Touristenmagneten. Wer von Dorf zu Dorf tingelt, schaut sich jede noch so kleine (oder in diesem Fall große) Sehenswürdigkeit an, weshalb sich *big things* in Australien auch heute noch größter Beliebtheit erfreuen – vor allem bei Touristen, die einen ausgefallenen Schnappschuss suchen.

Larry, *the lobster,* in all seiner Pracht

13 Blue Mountains
Blau macht glücklich

Den ersten Geschmack von australischer Wildnis kann man in den Blue Mountains bekommen: nur zwei Zugstunden von der Innenstadt Sydneys entfernt und doch eine völlig andere Welt.

Die Blue Mountains haben ihren Namen dem Dunst zu verdanken, der von den Eukalyptusbäumen aufsteigt und die Luft blau zu färben scheint. Von Sydney aus kann man sie bei gutem Wetter sehen, wie sie einladend vor der Stadt liegen. Die Blue Mountains sind ein beliebtes Reiseziel, sowohl bei ausländischen Touristen als auch für den Wochenendausflug der Sydneysider.

Doch die Blue Mountains täuschen. Auf den ersten Blick würde man sagen, sie seien eine Reihe von sanften Hügeln mit dichten Wäldern. Doch die teils steilen Hänge, tiefen Schluchten und der dichte

Busch waren eine große Herausforderung für die Europäer, die die Blue Mountains durchqueren wollten. Obwohl die Berge schon kurz nach der Besiedlung Australiens bekannt wurden, gelang es erst 1813 nach vielen, vielen Versuchen, sie erstmals zu durchdringen.

Heute sind es vor allem die Schönheit der Gegend – so typisch australisch! – und das Gefühl der Abgeschiedenheit, die Reisende in die Blue Mountains locken. Doch mit schöner Regelmäßigkeit überschätzen Wanderer auch heute noch trotz unzähliger Warnungen ihre Fähigkeiten und gehen verloren. Manche finden nach Tagen oder Wochen den Weg aus dem Labyrinth der Berge, andere haben weniger Glück und verlieren den Kampf gegen Hitze und Kälte, Hunger und Durst. Umso bizarrer, wenn man bedenkt, dass eine der größten Agglomerationen der Welt nur einen strammen Tagesmarsch entfernt liegt.

14 Blue-ringed octopus

Killer-Calamari & Co.

Australien wäre nicht Australien, wenn es nicht ein paar gemeingefährliche Überraschungen parat hätte, die im Wasser lauern. Keine Frage, dass es giftige Fische, Muscheln und Tintenfische gibt.

Steinfische zählen zu den bekannteren Vertretern der Meeresbewohner, die auch für Menschen gefährlich werden können. Zwar steht der Tourist nicht auf dem Speisezettel der Steinfische, doch kommt es durch ihre hervorragende Tarnung schnell zu ebenso unfreiwilligen wie folgenschweren Zusammenstößen.

Auch Stachelrochen dürften sich spätestens seit dem verfrühten Ableben des legendären australischen Dokumentarfilmers Steve Irwin globaler Bekanntheit erfreuen. Auch hier ist es das Missverständnis zwischen Tier und Mensch, das schwerwiegende Folgen haben kann. Von Natur aus sind Stachelrochen keineswegs aggressiv, aber ihre Größe flößt Respekt ein.

Eine besondere Überraschung wartet in den klaren Gewässern im Süden Australiens. Der *blue-ringed octopus* ist vergleichsweise winzig – er misst keine zwanzig Zentimeter –, aber sein Gift, das er zur Verteidigung im Zweifel auch gegen Menschen einsetzt, hat es umso mehr in sich. Es wird gern behauptet, dass die Hauptbestandteile des Venoms um den sportlichen Faktor 10.000 giftiger als Zyanid sind.

Übertroffen wird das bestenfalls von den *cone shells*, meist auffällig gefärbten Kegelschnecken, die ihr Gift ebenfalls zur Verteidigung einsetzen. Das Venom einiger Spezies wirkt so schnell und effektiv, dass es für die medizinische Forschung von höchstem Interesse ist. So verspricht man sich Schmerzmittel, die nicht nur um ein Vielfaches schneller sind als bekannte Mittel, sondern auch wirksamer – beispielsweise tausendmal effektiver als Morphium, und das bei deutlich weniger Nebenwirkungen.

Glücklicherweise bleiben die Zusammenstöße mit der Fauna aber auch unter Wasser die absolute Ausnahme, die niemandem vom Planschen abhalten sollte.

15 Bowling & Golf

Alles auf dem Rasen

Golf ist *down under* kein elitäres Vergnügen, sondern ein bezahlbarer Sport für jedermann, den *average Joe.* Doch die Herausforderungen sind ganz andere.

Platz ist freilich genügend da, und wo man es sich leisten kann, das Wasser für die Pflege eines Rasens zu verwenden, ist auch ein Golfplatz nicht weit. Stellenweise spektakulär gelegen, erfreuen sich Golfplätze hoher Popularität. Allerdings nicht nur bei Golfspielern.

Auch Kängurus wissen das gepflegte Grün sehr zu schätzen. Offenbar bevorzugen sie kurzes Gras – da schmackhafter – und flegeln sich daher bevorzugt auf den Golfplätzen der Nation, sehr zum Leidwesen der Spieler. Denn die Kängurus kümmert es herzlich wenig, ob ein paar Hundert Meter weiter jemand gerne seine Abschläge trainieren möchte. Davon abgesehen: Ihre Hinterlassenschaften machen das Putten weder einfacher noch attraktiver.

Doch auch ohne den eigenen Golfplatz muss niemand auf ein bisschen Bewegung im, pardon, auf dem Grünen verzichten. Jedes, wirklich jedes Kuhdorf hat zumindest ein zentrales Bowling Green und einen Bowling Club. Das australische Bowling hat nichts mit der amerikanischen Form zu tun, sondern ist vergleichbar mit Boule und daher besonders bei der älteren Bevölkerung äußerst angesagt.

16

Broome

Stadt der Perlentaucher

Platziert man die australischen Großstädte auf der Wetterkarte, fällt auf, dass der Nordwesten leer bleibt. Die Region zwischen Perth und Darwin ist äußerst dünn besiedelt, doch einige der attraktivsten Destinationen des Landes finden sich hier. Mitten im Nirgendwo: das Küstenstädtchen Broome.

Broome ist ein magisches Fleckchen. Es ist ein Außenposten der Zivilisation in einer der wildesten Regionen Australiens, der Kimberley. Hier trifft das exotische Rot, das man automatisch mit australischem Boden in Verbindung bringt, auf das einladende Türkis des Ozeans – eine betörende Farbkombination, an der man sich so schnell nicht sattsieht.

Doch Broome ist, wie eine Handvoll verstreuter Orte im Nordwesten, vor allem eines: abgelegen. Bis zur nächsten Großstadt sind es mindestens zwei Flugstunden, mit dem Auto eher zwei Tagesreisen. Es ist näher an Asien als an der eigenen Hauptstadt, weshalb am berühmten Cable Beach nicht nur Touristen auf Kamelen reiten, sondern auch das Unterwasserkabel nach Indonesien seinen Ursprung hat. Doch all das tut dem Reiz dieses Ortes keinen Abbruch; im Gegenteil. Wenn es irgendwo die Chance auf einen einsamen Kilometer Strand mit glasklarem Wasser gibt, dann an der schier endlosen Küste von Western Australia.

17 Build-up
Etwas liegt in der Luft

Im südlichen Australien gibt es, ganz klassisch, vier Jahreszeiten – wenn auch für Besucher von der Nordhalbkugel in quasi verkehrter Reihenfolge. Je weiter man in Australien jedoch gen Norden reist, desto schwächer ausgeprägt sind die Jahreszeiten mit einer warmen und einer kalten Periode. Vielmehr gibt es eine Regen- und eine Trockenzeit.

Noch präziser sind einige Gruppen von *aboriginals* (so die im Gegensatz zu »Aborigines« politisch korrekte Schreibweise), die bis zu sechs verschiedene Jahreszeiten unterscheiden – angesichts der klimatischen Besonderheiten im Norden des Landes ein schlauer Ansatz.

Besonders bemerkenswert ist der *build-up,* der Übergang von der Trockenzeit zur Regenzeit. In Darwin etwa gibt es üblicherweise für ein paar Monate gar keinen Niederschlag. Doch darauf folgt – ungefähr im September – der *build-up,* in dem sich langsam Feuchtigkeit aufbaut, die sich in der darauf folgenden Regenzeit kraftvoll entlädt.

Genau das macht den *build-up* aber unerträglich. Jeden Tag wird es ein wenig schwüler, jeden Tag baut sich Spannung auf wie vor einem heftigen Hitzegewitter – doch sie will sich einfach nicht entladen. Große, schwere Wolken verschwinden über Nacht, ohne sich auszuregnen, und zurück bleibt nur ein bisschen zusätzliche Schwüle.

Ohne Klimaanlage ist es in diesen Wochen beileibe nicht einfach, das Leben in vollen Zügen zu genießen. Wie bei Föhnlage in den Bergen steigt die Anzahl aggressiver oder gar gewalttätiger Reibereien, gerüchteweise gibt es sogar mehr Selbstmorde und Autounfälle – kurzum: möglicherweise nicht die ideale Reisezeit für den Norden.

Entsprechend groß ist die Erleichterung, wenn die Regenzeit endlich beginnt. Die Niederschläge sind kräftig, gelegentlich biblisch, aber die Atmosphäre entspannt sich spürbar. Einige meiner Gastgeber gaben sogar an, die Regenzeit sei ihnen die liebste Zeit des Jahres: Es gebe weniger Stress, weniger Touristen. Es kehrt Ruhe ein. Für viele, die im Freien tätig sind, bedeuten die Regenfälle zudem durchaus willkommene Zwangspausen, in denen man nichts tun kann, außer dem Regen zuzuschauen.

18 Buschfeuer

Inferno im Vorgarten

Es gibt nur zwei Dinge, vor denen ein echter Australier Angst hat: Krokodile und Buschfeuer. Krokodilen kann man allerdings wesentlich leichter aus dem Weg gehen.

Buschfeuer sind auf dem ganzen Kontinent – und sogar auf Tasmanien – eine absolut ernst zu nehmende Bedrohung. Oft werden die Buschfeuer von Überlebenden als »Hölle auf Erden« bezeichnet. Angesichts verkohlter Überreste ganzer Landstriche eine durchaus glaubwürdige Einschätzung.

Gerade die Perioden extremer Hitze und daraus resultierender Trockenheit sind verantwortlich für die gefährlichsten Buschfeuer. Ein einzelner Funke reicht aus, um in atemberaubendem Tempo ganze Landstriche in Brand zu setzen. Mal trifft es unbewohnte Regionen, mal besiedelte Gegenden. Trauriger Höhepunkt war der *Black Saturday* im Jahre 2009, als mehrere Hundert Buschfeuer im Staat Victoria an einem einzigen Tag 173 Menschenleben forderten.

Daher ist es mehr als verständlich, dass sehr viel Wert auf die Prävention von Bränden gelegt wird. Wer im Freien leichtsinnig mit Feuer hantiert, wird bald merken, dass bei den sonst so lockeren Australiern der Spaß ganz schnell aufhört.

Viele versuchen, sich mit einer um ihr Hab und Gut geschlagenen Schneise vor dem Gröbsten zu schützen, und sogar eine eigene kleine Feuerwehr habe ich beobachten dürfen. In einer Baumschule in Western Australia hatten sich die Besitzer einen kleinen Tankwagen samt Pumpe zugelegt, die bei einem ausgewachsenen Buschfeuer wohl eher symbolische Wirkung gehabt hätten. Anderswo gewinnt die Taktik der *aboriginals*, präventive, aber kleine und damit kontrollierbare Feuer zu legen, immer mehr Anhänger.

So oder so gilt: Wer mit dem Auto oder – Gott bewahre – ohne fahrbaren Untersatz in die Nähe eines Feuers gerät, möge bitte die Gefahr unbedingt ernst nehmen. Ein Foto von einem spektakulären Feuertornado ist den Einsatz von Haut und Haaren nicht wert.

Nach langen Perioden der Trockenheit reicht ein einzelner Funke, um den Busch in ein loderndes Inferno zu verwandeln.

19 Canberra

Hauptstadt aus der Retorte

Wenn dieser Planet jemals eine merkwürdige Stadt gesehen hat, so muss es Canberra sein. Kein Ort, den ich jemals in oder außerhalb von Australien besucht habe, war so von Grund auf eigenartig wie die australische Hauptstadt.

Die Geschichte gibt Aufschluss: Die beiden Großstädte Melbourne und Sydney dominierten das gesamte Land wirtschaftlich wie kulturell. Daraus leiteten auch beide Städte für sich den Anspruch ab, zur Hauptstadt Australiens erkoren zu werden. Um dieser Rivalität nicht noch zusätzlichen Auftrieb zu verleihen, entschied man sich für einen Kompromiss, der auf dem Papier vielversprechend aussah (Betonung: auf dem Papier). Fast mittig zwischen Melbourne und Sydney wurde kurz nach der Jahrhundertwende Canberra gegründet, inmitten eines eigenen *territory*, als durch und durch geplante Stadt.

Die Intentionen waren sicher lobenswert. Die Stadtarchitekten gaben sich Mühe, in ihrer künstlichen Stadt geschickte Planung und natürliches Äußeres zu vereinen. Doch bis heute – über hundert Jahre nach der Entscheidung zur Gründung Canberras – wirkt die Stadt leblos. Die Anordnung der Straßen und Viertel in überdimensionierten Zirkeln macht die Orientierung schwierig, und wie so oft hat man den Eindruck, niemand wohne hier so richtig. Dieser Anschein täuscht übrigens nicht: Selbst vielen Canberrans ist die Stadt am Wochenende zu langweilig, sodass sie ins Grüne fahren oder ... die Großstädte Melbourne und Sydney unsicher machen. Ausgerechnet!

Geziert wird Canberra von einem großen künstlichen See, dem Lake Burley Griffin, mit einem, äh, bemerkenswerten Denkmal für Captain James Cook: einem Wasserstrahl, der bis zu 150 Meter in die Höhe schießt und je nach Windrichtung Passanten am Ufer nass macht. Dazu finden sich vereinzelte verunglückte Prunkbauten und das australische Parlament, das von einem überdimensionierten Christbaumständer gekrönt wird. Nimmt man die eigenartige Sterilität hinzu, kann eine Wanderung durch Canberra zu einer surrealen Erfahrung werden.

Dominiert Canberra:
das Parlamentsgebäude

20 Casual racism

Schuld sind immer die anderen

Das Problem sind die verdammten Asylanten. Kommen einfach auf ihrem Boot an und wollen in Australien Zuflucht suchen, obwohl das Land schon rappelvoll ist. Und die *aboriginals* liegen dem Staat auch nur auf der Tasche. Das Schlimmste sind aber die ganzen Ausländer, die einfachen Australiern die Jobs wegnehmen. Ist doch alles ganz einfach, oder?

Sex, Religion und Politik sind die Themen, die man besser nicht anschneiden sollte, solange man sich nicht gut kennt. Doch kann es schnell passieren, dass man *down under* mit Stammtischparolen die Welt erklärt bekommt. Diese Meinungen sind zwar nicht mehrheits-, aber doch salonfähig – ganz anders, als man es aus Mitteleuropa gewohnt ist.

Zielscheibe der *political incorrectness* sind vor allem drei Gruppen: Asylanten, *aboriginals* und Immigranten. Die Lage bei den Ersteren *(boat people)* ist klar: Sie flüchten aus verheerenden Bedingungen aus Südostasien und hoffen, in Australien ein besseres Leben zu finden. Dabei riskieren sie oftmals Leib und Leben während der Überfahrt in keineswegs hochseetauglichen Nussschalen. Um das Land vor einer Schwemme an Asylanten zu bewahren, werden diese regelmäßig abgefangen und auf abgelegenen Inseln zwischengelagert. Das, so meinen viele, sei genau richtig – mit dem Argument, Australien sei bereits voll.

Noch weniger vorteilhaft sind die Meinungen, die über die Ureinwohner kursieren. In einer Unterhaltung wird oft klar, dass *aboriginals* (und der Umgang mit ihnen) das ultimative Reizthema darstellen. Eine schwierige Diskussion, denn schließlich waren die *aboriginals* unzweifelhaft zuerst da. Das hält aber viele Aussies nicht davon ab, die finanziellen Entschädigungen und Unterstützungen in deutlichen Worten zu kritisieren. Die wenigsten dieser Thesen sind druckreif, aber knapp zusammengefasst sieht man *aboriginals* nur als faule Frauenschläger und Tagträumer, die ihre komplette Subvention in Alkohol oder Drogen investieren.

Aber: Sowohl *aboriginals* als auch Asylanten begegnet man im Alltag eher selten. Wohl aber den Immigranten, die öfter mal durch Fleiß unangenehm auffallen, was zu dem altbekannten Argument führt, dass sie den »echten« Australiern die Arbeit wegnähmen. Interessanterweise wurden solche Thesen auch mir gegenüber ohne

Hemmungen geäußert – immerhin einem Ausländer, der Australiern die Arbeit wegnehmen wollte!

Die politische Grenzwertigkeit ist heute noch prominent, doch hat sie auch eine lange Geschichte. Noch vor wenigen Jahrzehnten gab es Regelungen, um die Zuwanderung von nicht-britischen (sprich: nicht-weißen) Menschen zu begrenzen. Quoten der *White Australia Policy* sollten sicherstellen, dass die Bevölkerung mittelfristig nicht zu braun wird. Im Nachhinein sicherlich nicht der stolzeste Moment der australischen Geschichte – und erfreulich ineffektiv.

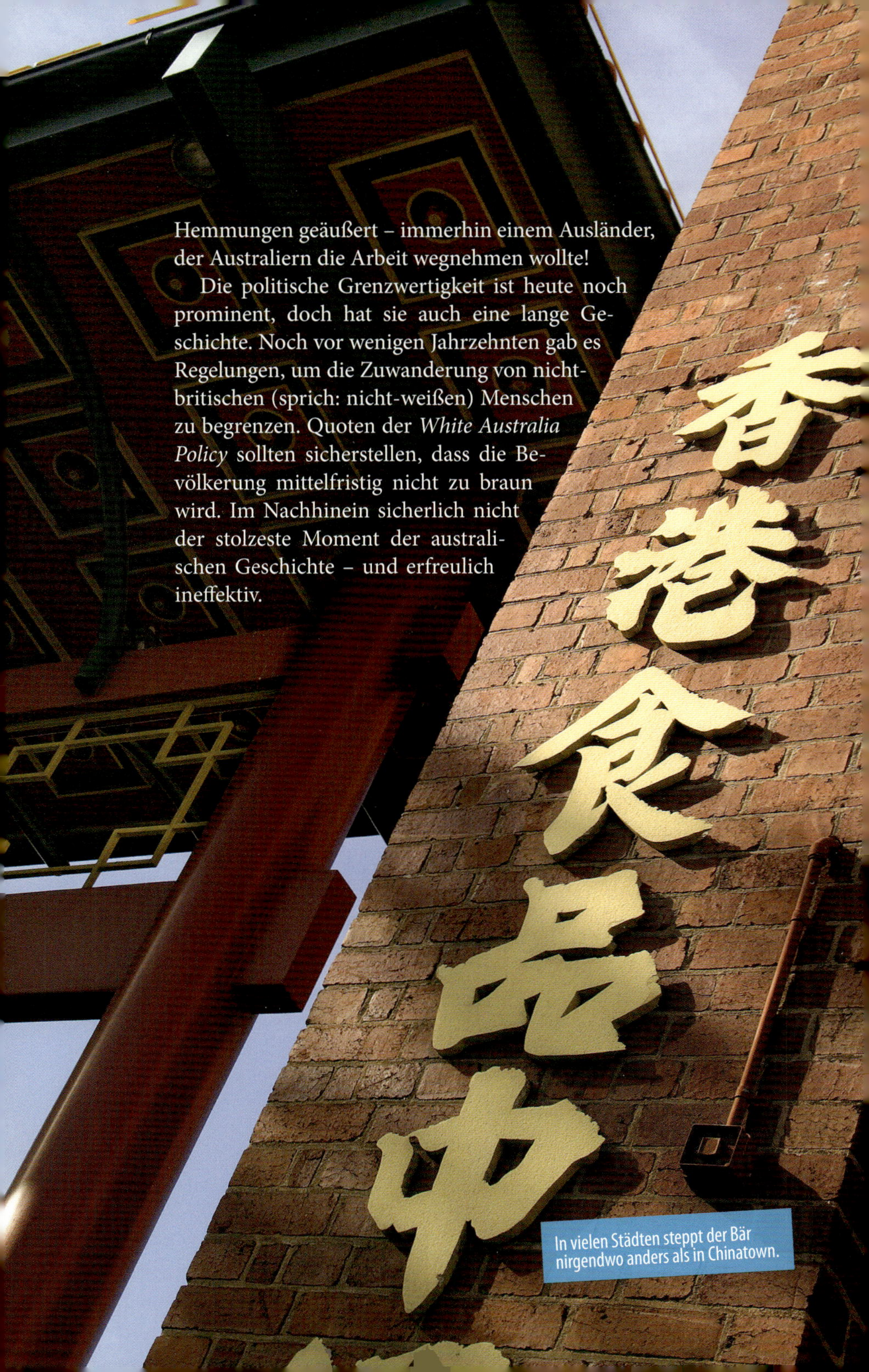

In vielen Städten steppt der Bär nirgendwo anders als in Chinatown.

21 Chancen

A fair go

»Jeder verdient eine faire Chance – das ist unser Familienmotto.« So sagte es Betty, Farmerin im Outback von Queensland. Sie und ihre Familie sind aber nicht die Einzigen, die dieses Motto haben – und es auch konsequent leben.

Vermutlich liegt es an der eigenen Geschichte. Australien musste sich in kurzer Zeit hocharbeiten; angefangen hat man mit dem großen Nichts auf einem gnadenlosen Kontinent, heute lebt man in einer der beneidenswertesten Nationen der Welt. Daher vertreten die meisten Australier durchaus die Ansicht, dass alle es verdienen, eine faire Chance im Leben zu bekommen. Der *fair go* ist ein uraustralisches Grundprinzip. Und wer die Chance bekommt, tut gut daran, sie zu nutzen, denn eine zweite ist in den wenigsten Familienmottos vorgesehen.

Wer es also im Leben nicht einfach hat, darf durchaus die Sympathien der Australier auf seiner Seite wissen. Dabei muss es allerdings nicht immer um ernste Angelegenheiten gehen: Generell hegt das Land eine Vorliebe für den *underdog*. Der Außenseiter ist im Zweifel derjenige, der die Unterstützung mehr braucht. Gerade beim Sport lässt sich das wunderbar beobachten: Gibt es keine ernsthafte Präferenz in einem Match, feuert man eben den Schwächeren an!

22

Creepy-crawlies

Die Spinnen, die Australier

Australier haben eine etwas verwirrende Beziehung zu allem, was kreucht und fleucht. Sicherlich gibt es auch *down under* genügend Leute, die beim Anblick einer riesigen Spinne ganz fürchterlich nervös werden. Die meisten bleiben aber cool – oder tun zumindest so.

Gerade im nördlichen Teil Queenslands ist Australien mit einer bemerkenswerten Artenvielfalt gesegnet, die kaum anderswo auf der Welt erreicht wird. Doch kaum etwas aus dieser Artenvielfalt kommt auf zwei oder vier Beinen daher. Als Sammelbegriff haben die Australier dafür *creepy-crawlies* etabliert. Es krabbelt, es ist fies, aber man muss gar nicht so genau wissen, worum es sich handelt: Zu Spinnen gesellen sich Skorpione, Tausendfüßler oder merkwürdige Käfer – und bei keinen von ihnen weiß man, was sie wirklich im Schilde führen.

Vor allem bei Spinnen und Schlangen, aber auch bei anderem Kroppzeug werden die Australier die Gefahr schnell relativieren. Üblicherweise wird ein Vergleich à la »Ich wohne schon x Jahre hier und habe erst y Schlangen gesehen!« herangezogen, um verängstigte Besucher zu beruhigen. Doch kann man sich das Vergnügen natürlich nicht entgehen lassen, alle y Vorfälle detailliert zu schildern: Spinnen, die von der Decke ins Haar fallen; Schlangen, die über Nacht in den Wasserkocher kriechen und erst nach dem Morgentee dort entdeckt werden – solche Stories eben. Ihnen allen ist gemein, dass sich die Protagonisten in falscher Sicherheit wiegen, bevor sie dann in einer völlig hilflosen Situation – zum Beispiel unter der Dusche – die australische Fauna näher kennenlernen, als ihnen lieb ist.

Doch ein genauerer Blick entlarvt, dass die wenigsten Australier so hart im Nehmen sind, wie sie es gerne darstellen. Fliegenklatschen und dergleichen sind an taktischen Stellen im Heim positioniert; darüber hinaus ist fast jeder Haushalt mit einem stattlichen Arsenal an B- und C-Waffen ausgestattet. Dazu zählen die biologischen Waffen – etwa Hunde und Katzen –, die auch einem exotischeren Snack nicht abgeneigt sind, sowie die chemische Keule in Form von Sprays und Fallen. Überraschender Popularität erfreuen sich auch Raumsprays, die automatisch und in regelmäßigen Abständen das Haus mit äußerst potenten Insektengiften imprägnieren.

Nur zwei harmlose Beispiele aus australischen Schlafzimmern

23 Cricket

Immerhin besser als nur sitzen

Cricket ist ein Phänomen. Angeblich die beliebteste Sportart Australiens. Doch kann man von Sport sprechen, wenn Teepausen fest eingeplant werden müssen, weil sich die Spiele über Stunden oder gar Tage hinziehen, ohne dass etwas geschieht?

Die Regeln eines Spiels wie Baseball lassen sich recht schnell erfassen. Doch obwohl dem Baseball schon nicht der Ruf vorauseilt, die dynamischste aller Sportarten zu sein, gelingt es dem Cricket, noch ein wenig von der Hektik des Baseballs hinter sich zu lassen. Damit eignet es sich auch als Spiel für Kinder, Ältere und solche, die in der Hitze nicht so schnell schwitzen möchten. Und Mutti ist dankbar, dass die Kleidung nicht so schnell dreckig wird.

Dass sich Australien einerseits für schnelle, harte Sportarten wie Rugby und andererseits für mit Statistik angereicherte Statik begeistern kann, irritiert. Angeblich hat das Cricket eine riesige *fan base,* doch jeder meiner Versuche, mir die endlos komplizierten Regeln des Spiels von einem Einheimischen näher erklären zu lassen, mün-

deten in einem »*It's kinda, like, uhm ...*« Der Australier gab auf und verwies auf actionreichere Sportarten.

So musste ich die Regeln selbst nachvollziehen, und wenn ich es richtig verstanden habe, muss ein Spieler den Ball wie ein Mädchen werfen, damit sein Gegenspieler ihn wie ein Mädchen wegschlagen kann, woraufhin ihn die Spieler der ersten Mannschaft wie Mädchen zu fangen versuchen.

Das Interesse für den Sport muss also mit dem englischen Erbe begründet werden. In der Tat sind es Nationen aus dem Commonwealth, gegen die gespielt wird, aber wichtig ist für die australische Mannschaft vor allem, dass die Engländer geschlagen werden. Und wenn es Tage dauert!

24 Darwin
The Top End

Darwin ist anders als die anderen. Australiens nördlichste Großstadt hat eine bewegte Geschichte, die den wenigsten Besuchern bekannt ist.

Benannt wurde Darwin nach Charles, dem alten Rauschebart. Historisch wie aktuell ist die Stadt ein vergleichsweise moderner Außenposten im australischen *top end* – und zugleich Knotenpunkt, denn bis nach Asien ist es von hier aus nicht mehr weit. Indonesien ist nur noch rund 500 Kilometer entfernt – für Australier allenfalls ein Steinsprung oder Katzenwurf.

Doch die geografische Lage war für Darwin nicht nur von Vorteil. Im Zweiten Weltkrieg erhielt der australische Norden eine strategische Bedeutung. Die Stadt wurde das Ziel zahlreicher Bombenattacken der japanischen Armee, die im Großangriff von 1942 gipfelten, der Darwin dem Erdboden gleichmachte. Obwohl die Stadt mehr Bomben abbekam als Pearl Harbor, bleibt dieser Angriff in den Geschichtsbüchern außerhalb Australiens eine Fußnote.

Zum Teil trotz, zum Teil wegen des Krieges entwickelte sich Darwin immer weiter und wuchs stetig – bis 1974. Am Weihnachtsmorgen dieses Jahres traf ein bemerkenswert heftiger Zyklon auf das Stadtzentrum und zerstörte rund 70 % aller Häuser komplett. Ein zweites Mal war die Stadt dem Erdboden gleichgemacht. Rund zwei Drittel der Bevölkerung, über Nacht obdachlos geworden, wurden in der Folge evakuiert.

Doch Darwin wurde ein drittes Mal neu errichtet – nun mit stabileren Baumaterialien. Die Stadt bleibt im Vergleich zu anderen Städten sehr beschaulich, und genau deswegen scheiden sich die Geister an ihr. Manch Reisender fürchtet die vermeintliche Abgelegenheit, andere schätzen, dass Darwin Sehenswürdigkeiten bietet, die es nicht in jedem anderen Dorf auch gibt – wie Öltunnels oder Krokodilfarmen.

25 Dekoration
Das Auge wohnt mit

Kein Berufsstand dürfte es in Australien schwieriger haben als der gemeine Innenausstatter. Nicht, dass es an potenziellen Auftraggebern mangeln würde – ganz im Gegenteil. In australischen Häusern sticht Pragmatismus alles, auch grundlegende Prinzipien von Design und Ästhetik. Nein, das Problem liegt eher darin, dass es niemanden zu stören scheint.

Zugegeben: Je mehr Zeit man draußen verbringt, desto weniger muss man sich darum kümmern, wie es drinnen aussieht. Dennoch kommt man als Besucher nicht umhin, festzustellen, wie viele Häuser sich in einem stetigen Zustand der Unvollkommenheit zu befinden scheinen.

Gerne baumelt eine einsame Glühbirne von der Decke. Sie erfüllt ihren Zweck – erhellt die Dunkelheit – und muss damit überhaupt nicht verbessert werden, wie etwa durch einen Lampenschirm. Genauso die Badezimmertür: Wichtig ist ja nur, dass keiner hereingucken kann, also tut es auch ein Vorhang. Und die Spuren des letzten Hochwassers zu beseitigen, lohnt sich auch nicht, denn in spätestens ein paar Jahren kommt ohnehin das nächste. Und überhaupt: Warum etwas sauber machen, was ohnehin bald wieder dreckig wird? Daher kann es auch nicht überraschen, dass vielen Australiern das Konzept der Gemütlichkeit gänzlich fremd zu sein scheint.

Doch auch die bescheidenen Versuche, das Eigenheim aufzuhübschen, sind nur vereinzelt von Erfolg gekrönt. Mein persönlicher Favorit dieser ästhetischen Entgleisungen war das Bild einer jungen Frau in einem einfachen Rahmen. Sie war auffallend hübsch und professionell fotografiert, sodass ich nicht umhinkam, zu rätseln, wie sie zu der Großfamilie gehören möge, deren, äh, weniger ansprechende Fotos um das ihrige arrangiert waren. Des Rätsels Lösung: gar nicht. Es war reine Dekoration. Sie war ein Model. Ihr Foto wurde mit dem Rahmen verkauft, für schön befunden – und dann neben den Familienfotos platziert.

So manches Haus wirkt
ein wenig ... schmucklos.

26 Delikatessen

Kängurus I (Auf dem Teller)

Einst seltene Tiere, heute auf dem gesamten australischen Festland heimisch – und zahlreich. Bei den Farmen sind Kängurus allerdings nicht wohlgelitten, denn so manche Ernte hat schon unter einem durchhüpfenden Mob von *roos* gelitten.

Professionelle Zählungen und Schätzungen des Bestands machen deutlich, dass es sich bei Kängurus heute wirklich nicht mehr um eine bedrohte Tierart handelt. Stellenweise sind die Tiere bereits zum kontrollierten Abschuss freigegeben – was natürlich im krassen Widerspruch zu dem Aufwand steht, mit dem sie anderswo im gleichen Land geschützt und aufgezogen werden. Und nicht jeder Farmer hält sich an die rechtlichen Vorgaben und den Naturschutz: Wildern zum Spaß ist alles andere als selten, und selbst auf der Krokodilfarm, auf der ich tätig war, besserte man den eigenen Fleischvorrat an Krokodilfutter mit selbst erlegten Wallabys auf.

Zum Verhängnis wird den *roos* aber vor allem, dass sie hervorragend schmecken. Gut zubereitetes Kängurufleisch kann sich mit jedem Rinderfilet messen; der pikante Geschmack, den man Wild meist nachsagt, ist nur ganz dezent. Zudem gilt Kängurufleisch als gesündere – weil fettarme – Alternative. Und zu guter Letzt ist die Produktion ganz unproblematisch, denn es gibt eine Fähigkeit, die *roos* nicht besitzen: Sie können nicht pupsen, womit sie wesentlich umweltverträglicher sind als etwa Rinder, deren Abgase das globale Klima massiv belasten.

Doch das Fleisch ist nicht der einzige Teil des Kängurus, der verwendet werden kann. Ihr Leder ist die Grundlage für die schmucken Hüte, die für den Sonnenschutz unerlässlich sind. Und selbst das Skrotum wird noch verwendet – umfunktioniert zu Feuerzeugen und Flaschenöffnern finden sich Känguru-Klöten in jedem gut sortierten Souvenirladen.

MACRO MEATS
Gourmet Game™
CERT TM
Serving Suggestion
Kangaroo STEAK
98% FAT FREE • LOW SATURATED FAT
HIGH IN PROTEIN • HIGH IN IRON • GLUTEN FREE
GREDIENTS: Kangaroo Meat (100%).
garoo meat is 100% natural meat that is antibiotic and chemical free with
dded hormones. Kangaroo meat gets the thumbs up on a wide variety of
on fronts. It's a terrific source of high-quality protein, low in total fat (with
an 2% fat), low in saturated fat and it's a particularly rich source of Iron.
ck of label for easy to follow cooking instructions. Product of Australia
ONAL INFORMATION
per package: 3 Servings Size: 150g
Av. Qty per serving Av. Qty per 100g
627kJ 418kJ
32.2g 21.5g
1.8g 1.2g
0.6g 0.4g
0.1g 0.1g
ed 0.6g 0.4g
ted 0.4g 0.3g
0.7g 0.5g
0.7g 0.5g
75mg 50mg
0mg 0mg
4.9mg 3.3mg
2 802699 009566
CERT TM used under licence.
Accreditation No.8-6
51-53 Lavinia Street, Athol Park, SA 5012
When fresh keep refrigerated at 0 to 3°c.
NET WT kg
0.580
$ 9.56

27 Dingos
Who let the dogs out?

Reinrassige Dingos sind mittlerweile eine Seltenheit. Wer die echten Dingos erleben möchte, hat die besten Chancen auf Fraser Island, der größten Sandinsel der Welt, gelegen an der australischen Ostküste.

Bis heute scheint immer noch nicht ganz klar zu sein, wie Dingos wirklich ticken. Sind sie nun von Natur aus gefährlich? Oder eher harmlos? Immer wieder tauchen Berichte über Dingos auf, die Touristen angreifen, doch lassen sich die meisten schon mit einer Handvoll Sand in die Schranken weisen. Einschlägige Vorfälle – wie der Angriff auf ein Baby – und der Heißhunger auf Weidetiere haben dem Image des Dingos aber zweifelsohne stark zugesetzt. Zahlreiche Farmer bringen ihre Meinung zu Dingos so deutlich zum Ausdruck, dass sie leider nicht druckreif ist. Auf den Leichtsinn, die Tiere zu füttern, sollte man aber sicher verzichten ...

Interessant war es daher, einen Dingo als Haustier zu erleben. Eine Familie, die sich im Hinterland von Brisbane niedergelassen hatte, ließ ihr Heim von zwei Hunden – darunter ein Dingo-Mischling – bewachen. Selten ein so anstrengendes Tier erlebt: Mit der Energie eines mittelgroßen Neutronensterns kämpfte es jede wache Sekunde um die volle Aufmerksamkeit. Hätte der andere Hund nicht die Aufgabe übernommen, den Dingo zu bespaßen, hätte der alsbald alle in den Wahnsinn getrieben. Davon abgesehen: schöne Tiere, sehr elegant!

28 DIY
Nation der Selbermacher und Besserkönner

Wahrlich beeindruckend ist die Fähigkeit der Australier, Dinge selber zu machen. Ob es um die Reparatur des Autos oder den Bau des Eigenheims geht – selbst ist der Mann, stellenweise auch die Frau.

Die europäische Lösung für ein Problem besteht üblicherweise darin, jemanden zu beauftragen, der sich besser auskennt. Die australische Lösung besteht darin, es selbst in die Hand zu nehmen. Nicht nur, weil es vielleicht weit und breit niemanden gibt, der einem helfen könnte, sondern weil man schließlich auch sichergehen möchte, dass es richtig gemacht wird.

Zu diesem Zweck hat der gemeine Australier einen großen *workshop,* in dem sich Werkzeuge finden lassen, von denen man als normalsterblicher Europäer nicht einmal wusste, dass sie existieren. Diese Leidenschaft fürs Werkeln erklärt auch, warum es in jedem Dorf einen *hardware store* gibt, dessen Sortiment sich vor keinem Baumarkt verstecken muss. Das Fachsimpeln ist natürlich im Preis inbegriffen.

Für jemanden, der nicht mit dem Gedanken des DIY – *do it yourself* – groß geworden ist, ist es faszinierend, einem *handyman* über die Schulter zu schauen. Morgens wird er schweißen, mittags das Auto der Inspektion unterziehen und abends zum Vergnügen mit Holz arbeiten.

Ein Farmarbeiter brachte diese Einstellung auf den Punkt: »Niemanden kümmert es, was das Problem ist. Das Einzige, was interessiert, ist die Lösung für das Problem.« Und da ist Kreativität gefragt: Wie so oft in Australien sind die Möglichkeiten zumeist begrenzt.

Im Zweifel baut man auch sein Haus selbst – da weiß man wenigstens, was man hat!

29 Drogen und Alkohol

Religion für das Volk

Wie viele andere Länder rühmt sich Australien gerne seines Alkoholkonsums; die Verehrung von Bier nimmt dabei oft spirituelle Ausmaße an. Doch auch ein buntes Spektrum an Drogen wird konsumiert.

Die Statistiken täuschen: Geht es nach der WHO, trinken Australier viel und gerne, doch in der globalen Spitzengruppe befinden sie sich keineswegs. Warum, ist allerdings nicht ganz ersichtlich, schließlich gibt es schon den Spirituosenhändler mit bequemem *drive-in.* Davon abgesehen bieten viele Kleinstädte wenig Entertainment, sodass das regelmäßige Besäufnis die einzige Abwechslung bietet.

Auffallend ist, dass auch in Australien der Trend zum *binge-drinking* geht. Wenn getrunken wird, dann auch richtig – der Durchschnittskonsum wird von einigen professionellen Trinkern hochgehalten. Wo immer man auf der Welt Leute nach extremen Erlebnissen mit Betrunkenen befragt, wird es nicht lange dauern, bis jemand eine Episode mit einem Australier (oder einer Australierin) erwähnt. Und das geschieht deutlich häufiger, als es die Bevölkerungszahlen vermuten ließen.

Auch Drogen erfreuen sich großer Beliebtheit. Einige Farmer haben auf ihrem Grundstück eine Hanfplantage versteckt. Für den Eigenbedarf, versteht sich. Und den des Dorfes. Eine Familie, bei der ich zu Gast war, entdeckte sogar erst nach einigen Jahren, dass sie zu ihrem Haus auch eine Hanfplantage erworben hatten, die nachts zwielichtige Gestalten anlockte. Schwierig scheint es nicht zu sein, sich mit Drogen einzudecken: Ein *roommate* in einem Hostel in Sydney konnte mir bereits wenige Stunden nach seiner (erstmaligen!) Ankunft im Land stolz seinen neu erworbenen Stoff präsentieren.

Geschätzte sieben Milliarden Dollar werden jedes Jahr für illegale Drogen ausgegeben. Beliebter sind allerdings die legalen Rauschmittel, wie etwa dieses uraustralische *Kolsch*.

30 Dunny

Notdürftige Notdurft

In einem Land, das von Wasserknappheit geprägt ist, gibt es wohl kaum einen größeren Luxus als das gewöhnliche Wasserklosett. Gerade auf dem Land kann jeder mit seinem Geschäft dazu beitragen, die Welt zu retten.

Das stille Örtchen – salopp *dunny* genannt – wird schnell zum Politikum. Vor allem die Hippies, mit denen ich das Vergnügen hatte, empfanden die Verwendung von kostbarem Trinkwasser für die Toilette als kritischen Faktor in den ohnehin tragischen Zukunftsaussichten des Landes. Daher bevorzugten sie, wie viele andere, das klassische Plumpsklo. Manch einer begnügt sich mit einem schnöden Loch im Boden, andere perfektionieren ihr Außenklo mit moderner Technik, die es ermöglicht, alle halbe Jahre qualitativ hochwertigen Dünger zu gewinnen. Als jemand, der Fachgespräche über menschliche Ausscheidungen für schwer möglich gehalten hatte, wurde ich hier (regelmäßig) eines Besseren belehrt.

So oder so ist es eine Umgewöhnung, dem Ruf der Natur in der Natur zu folgen. Anstatt eine weiße Tür anzustarren, bietet sich freie Aussicht – etwa auf den Outback oder den Dschungel. Vielleicht flattert ein Schmetterling vorbei oder im ungünstigeren Fall eine Wespe (oder gleich ein ganzer Schwarm). Auch neugierige Wallabys schauen gerne vorbei, wie es denn so läuft.

Weniger wild-romantisch ist das Unterfangen aber nachts, denn dann muss man sich vor Schlangen, Spinnen und Kröten hüten, auf die Toiletten eine magische Anziehungskraft ausüben. Als jemand, der auf dem *dunny* einer handgroßen Spinne unangenehm nahe kommen durfte, rate ich: Augen zu und durch.

Manch einer verlegt aus praktischen Gründen gleich das gesamte Badezimmer nach draußen. Sprich: Ein Duschkopf hängt im Garten. Wenn man die paranoide Sorge, ständig beobachtet zu werden, ablegen kann, ist die kühle Dusche im Freien äußerst angenehm. Umgeben vom Grün, unter einem blauen Himmel fühlt man sich sehr lebendig und der Natur verbunden. Fantastisch – bis sie einem dann wieder zu nahe kommt und beißen oder stechen will.

Auch drinnen erwartet einen so manche Überraschung.

31 Echidna
Eierlegendes Stachelmilchschwein

Außerhalb Australiens sind Echidnas kaum bekannt. Völlig zu Unrecht, wie ich finde: Echidnas sind so viel mehr als nur Stachelschweine.

Erstaunlich sind sie allemal: Die Ähnlichkeit mit dem weithin bekannten Stacheltier und mit dem Igel sind offensichtlich, doch die Entwicklung dieser Spezies verlief völlig unabhängig voneinander. Heute sind Echidnas eine von nur zwei Säugetierarten auf der Welt, die Eier legen. Biologen bezeichnen sie zusammen mit den Schnabeltieren – etwas uncharmant – als Kloakentiere.

Während Schnabeltiere jedem bekannt sind, aber kaum einer die Tiere in der Wildnis je gesehen hat, ist es bei Echidnas genau andersrum: Über sie stolpert man immer wieder – im wahrsten Sinne des Wortes. Echidnas sind ein wenig blind und irgendwie auch ein bisschen taub. Das erklärt, warum man die eigentlich scheuen Tiere bei einem Spaziergang im Wald oder am Meer plötzlich vor sich sieht, gemütlich umhertapsend, auf der Suche nach Futter.

Wer Glück hat, darf sogar einen *love train* beobachten – bis zu ein Dutzend Echidnas, die einander, von Liebe und Lust betört, in einer langen Schlange hinterherdackeln.

32 Emus
Dauerläufer statt Vielflieger

Heute ziert der Emu, zusammen mit dem Känguru, das Emblem des australischen Staates. Doch bis zu dieser Wertschätzung war es ein weiter und holpriger Weg.

Wie viele andere Vertreter der australischen Fauna sind auch Emus bei den Farmern nicht sonderlich beliebt. Im Jahre 1932 gipfelte die Verzweiflung westaustralischer Farmer, die ihre Ernte durch riesige Herden von Emus gefährdet sahen, im ersten australischen Krieg gegen die Emus – heute auch als *Emu War* bekannt.

Nach Einschätzung der meisten Historiker hat Australien diese Schlacht verloren.

Mit der Beteiligung von Weltkriegsveteranen wurden zwei Maschinenpistolen und 10.000 Patronen organisiert. Doch die Emus praktizierten Guerilla-Taktiken, wie sie im Buche stehen, und gaben weitaus schwierigere Ziele ab, als sich die Veteranen in ihren kühnsten Träumen gedacht hatten. Nachdem innerhalb eines Monats nur eine Handvoll der Feinde zur Strecke gebracht werden konnte, gab man sich geschlagen. Die Emus beklagten den Verlust von mindestens 50 Tieren, auf der Seite der Australier beklagte man den Verlust von Ehre und Würde.

Schon während der Schlachten fiel allerdings auf, dass Emus alles andere als aggressiv agieren. Im Gegenteil, sie sind – gemessen an ihrer Größe und Kraft – eher scheu.

33 Eremiten

Alternative Lifestyles, von heiter bis wolkig

Wo kein anderer ist, kann man tun (und lassen), was man möchte. Das Dasein in der großen australischen Weite bietet allerlei Subkulturen eine Zuflucht: Ungestört seine Götter anbeten, der Zivilisation entsagen und/oder im Einklang mit der Natur leben lautet dann die Devise.

Nicht weit von Brisbane entfernt liegt Byron Bay, ein überbewerteter Touristenmagnet, der aber dank seiner malerischen Lage eine niemals endende Conga-Reihe an Backpackern begrüßen darf. Dem Örtchen eilt der Ruf voraus, der coolste und lässigste Pflichtpunkt auf der Reise entlang der Ostküste zu sein – und genau das spiegelt sich im Publikum und in den Preisen wider. Byron Bay ist auch die Heimat zahlreicher Gestalten, die – so könnte man es charmant verpacken – einen unkonventionellen Lebensstil zu pflegen wissen. Batik gehört zum guten Ton, Räucherstäbchen würzen die Luft und zertifizierte Esoteriker bieten ihre Dienste feil.

Interessanter wird es ein Stückchen landeinwärts. In dem kleinen Örtchen Nimbin hat man die leichten Drogen gleich ganz legalisiert. Guten Gewissens darf man daher behaupten, die Uhren in Nimbin ticken anders als im Rest des Landes. Für Außenstehende sicherlich langsamer, aber krass schnell für die Einwohner. Wenig überraschend ist es daher, dass auch Nimbin ein wahrer Magnet für die ganz Lässigen ist. Auch in Queensland gibt es einige Hippie-Kommunen, die mehr oder weniger offiziell für ihren Hanfanbau bekannt sind.

Für echte Einzelgänger und Exoten ist das australische Hinterland die erste Wahl. Die Gegend von Cairns etwa ist bekannt für wahre Eremiten, die sich konsequent von der Gesellschaft fernhalten. Sie leben in behelfsmäßigen Behausungen – ein alter Bus ist ideal, heißt es – und kommen mit dem absoluten Minimum über die Runden. Amüsant ist es freilich, solche Gestalten bei ihren seltenen Ausflügen in die Weltlichkeit zu beobachten. Üblicherweise trauen sich auch die scheuesten Exemplare alle sechs Monate aus dem Busch, um sichtlich verstört zwei Einkaufswagen mit Vorräten durch den lokalen Supermarkt zu schieben. Halb verträumt, halb verpeilt kraulen sie dann ihren Rauschebart und überlegen, ob sie auch ja nichts Essenzielles vergessen haben, was eine baldige Rückkehr unters Volk erzwingen würde. Ein Blick in die Einkaufswagen verrät übrigens, worauf es im Busch wirklich ankommt: In der Gunst der Einsiedler steht Toilettenpapier an erster Stelle.

Australien bietet jedem Tierchen sein Pläsierchen, auch den exotischen.

34 Esperance
Das Ende vom Nichts

Esperance, Western Australia, ist der erste/letzte Außenposten nach/vor der Nullarbor Plain. Wer nach der Durchquerung der Einöde hier ankommt, darf sich gleich doppelt freuen: Man ist zurück in der Zivilisation – und die Landschaft sieht aus wie aus dem Bilderbuch.

In Esperance schmiegt sich weißer Sand an türkises Wasser – Wasser, das an wenigen Orten der Welt so sauber ist wie hier. Auch deshalb ist Esperance einer der beliebtesten Urlaubsorte in ganz Western Australia.

Ich kam relativ spät in Esperance an, aber noch rechtzeitig genug, um einen prächtigen Sonnenuntergang mitzuerleben. Das wollte ich am Strand tun, von einem großen Stein aus, der ein angemessenes Maß an Sitzkomfort versprach.

Unglücklicherweise handelte es sich jedoch nicht um den erhofften Stein, sondern um Sam, den lokalen Seelöwen. Im Lichte der Dämmerung kann so ein Missverständnis schon mal vorkommen,

und Sam zeigte sich sehr nachsichtig – wo er die Gesellschaft von Menschen doch gewohnt war. Und ich war nicht der Einzige, dem die folgenschwere Verwechslung unterlief – schön war's, andere bei diesem Lapsus beobachten zu können!

Doch nicht nur das Wasser ist in Esperance sauber. Man legt auch Wert darauf, dass es an Land keine unnötige Verschmutzung gibt. Als 1979 das amerikanische Skylab aus dem All stürzte, landete es in der Nähe von Esperance – und ist bis heute die größte Attraktion im lokalen Museum. Dramatisch wird darauf hingewiesen, dass es reiner Zufall sei, dass damals niemand verletzt wurde; realistisch müsste es heißen, dass es reiner Zufall war, dass überhaupt jemand den Absturz bemerkt hat. Die Region ist schließlich äußerst dünn besiedelt. Das hielt die Australier aber nicht davon ab, den Amerikanern einen Strafzettel zu schicken, weil sie ihren Weltraummüll einfach liegen ließen.

35 Feiertage
Australia Day & Co.

Der größte Feiertag von allen: Alljährlich am 26. Januar wird die Gründung Australiens zelebriert.

Eigentlich kein Grund zu feiern, denn der 26. Januar markiert den Jahrestag, an dem die Sträflingskolonie in New South Wales gegründet wurde. Und für die *aboriginals* markiert er den Tag, an dem die Invasion der Europäer begann. Doch für die meisten Australier bietet der Feiertag – wunderbar im Hochsommer gelegen – eine willkommene Gelegenheit, an einem freien Tag alles zu feiern, was australisch ist. Politisches Ziel des Feiertages ist eine Stärkung des nationalen Bewusstseins; privates Ziel ist es, eine gute Zeit* zu haben. Gerade 1988, zum 200-jährigen Geburtstag, ließ man es ordentlich krachen.

Weniger sinnvoll erscheinen andere Feiertage, die alljährlich begangen werden. So etwa das Kronjuwel des *Queen's Birthday.* Den Geburtstag der Queen feiert niemand ernsthaft, aber zur Freude der breiten Masse fällt er jedes Jahr auf einen Montag. Wer weder die Monarchie noch die Religion feiern möchte, kann sein Glück in den Northern Territories versuchen: Am ersten Montag im August ist dort *Picnic Day.*

* *Besäufnis*

36 Fernsehen

Kabel nur begrenzt verfügbar

Egal wann, egal wo: Fernsehen geht immer. Das öffentliche Programm besteht im Wesentlichen aus Werbung, die gelegentlich von Serien oder Filmen unterbrochen wird.

Fernsehen dürfte eines der beliebtesten Hobbys der Australier sein. Ob zum Frühstück oder zum Schlafengehen, oft produziert die Flimmerkiste ein angenehmes Hintergrundrauschen. Zum Fernsehen im engeren Sinne eignet sich das Programm jedoch nur bedingt; einige Sender sind sehr werbelastig. Eine Episode der *Simpsons* hat bis zu vier Unterbrechungen, bei *Casino Royale* zählte ich siebzehn Pausen für die Reklame, die hier ebenso banal ausfällt wie anderswo. Auch sonst orientiert sich Australien an den globalen Standards – was in Europa oder Amerika erfolgreich ist, lässt *down under* nicht lange auf ein Remake warten. Das gilt für Castingshows genauso wie für Seifenopern.

Leider ist die Zeitung nur bedingt eine Alternative: Es ist ein offenes Geheimnis, dass das Medienimperium des Rupert Murdoch, das einen signifikanten Teil aller Nachrichtenquellen im Land diktiert, alles andere als neutral und unabhängig ist. Dann vielleicht doch lieber die seichte Unterhaltung …

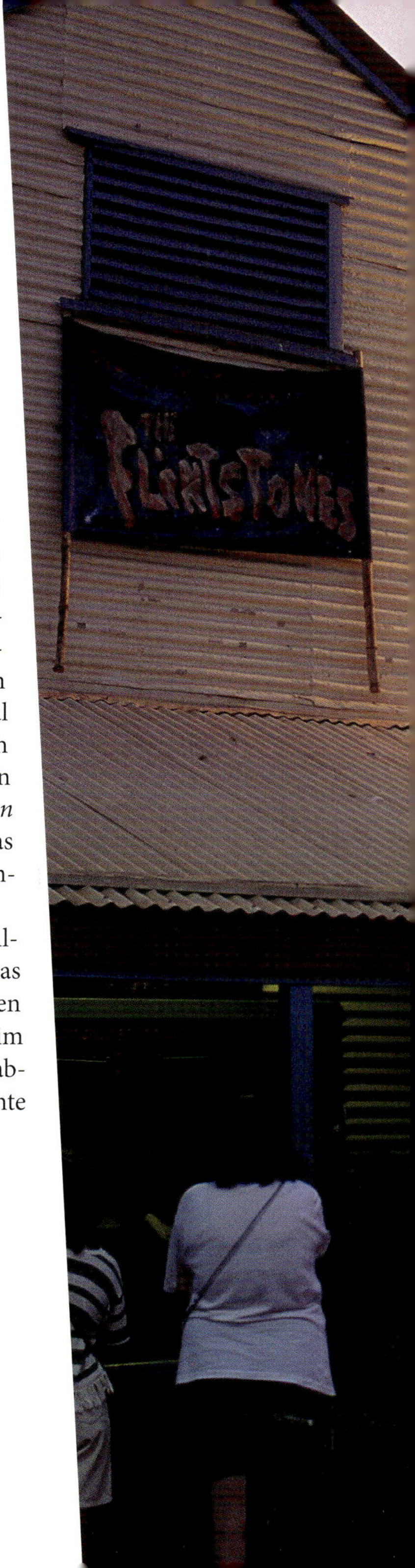

Wer nicht nur daheim herumliegen möchte, findet auch so manches stilvolle Kino!

37 Fernsicht

Ein Blick in die Ewigkeit

Kein Kontinent ist geologisch so inaktiv wie Australien. Erdbeben sind, anders als im benachbarten Neuseeland, eine Seltenheit – genau wie Berge, die den Namen verdienen.

Man muss sich wirklich daran gewöhnen. Jedes Rinnsal bekommt den majestätischen Titel *river*. Und jeder Sandhügel wird schamlos als *mountain* tituliert. Das kann einen Reisenden, der sich an Landmarken orientiert und Naturschauspiele erwartet, schon mal frustrieren.

Doch einen Vorteil hat es, dass der fünfte Kontinent so flach ist – jede noch so kleine Erhebung bietet in der Regel eine fantastische Aussicht. Aus Augenhöhe betrachtet, können der Busch oder der Outback schon bedrückend wirken; die Eintönigkeit macht die Orientierung schwer und bietet wenig Abwechslung. Doch schon aus ein paar Metern Höhe hat man das Gefühl, bis ans Ende der Welt sehen zu können. Da ist es auch nachvollziehbar, warum so viele Steine, Hügel und Berge für die *aboriginals* spirituelle Signifikanz besitzen.

Umso überraschender, dass sich wenige Aussies diesen Vorteil zunutze machen. Die meisten fühlen sich in Bungalows auf dem Flachland pudelwohl. Bloß ein einziges Mal war ich zu Besuch in einem Haus, das den Luxus einer zweiten Etage samt Balkon aufweisen konnte: »Eigentlich haben wir uns nur für dieses Fertighaus entschieden, weil es günstig war«, verriet mir Ken, Herr des Hauses. Aber dann sei die Aussicht so gut gewesen, dass man sich in der eigentlich provisorischen Unterkunft dauerhaft niedergelassen hat.

Doch ist die Höhe noch kein Garant für eine tolle Aussicht. Nördlich von Melbourne liegt Mt. Disappointment, ein 800 Meter hoher Hügel, den seine Entdecker so benannten, weil sie die Aussicht nachhaltig enttäuschte – die verdammte Botanik stand im Weg!

30 Fliegen
Höher, schneller, weiter

Spätestens seit *Rain Man* wissen wir: QANTAS, und zwar ohne »u«, ist die sicherste Fluggesellschaft der Welt. Zwar stimmt das mittlerweile nicht mehr so ganz, doch handelt es sich bei der größten Airline Australiens nach wie vor um eine der wirklich ikonischen Marken – und das nicht nur *down under.*

QANTAS steht für Queensland And Northern Territory Aerial Services – der Name verrät schon Einiges über die Geschichte der Airline. Ihre bescheidenen Anfänge nahm sie im Jahre 1920 mit Postflügen, heute operiert sie als eine der wichtigsten und vor allem ältesten Fluggesellschaften der Welt.

Der Weg dahin war allerdings turbulent. In einem Land wie Australien ist das Flugzeug als Transportmittel nicht zu ersetzen – einem Flug von zwei Stunden steht eine Autofahrt von ein bis zwei Tagen gegenüber. Auch der erstarkenden Konkurrenz ist es zu verdanken, dass Fliegen heute das Normalste auf der Welt geworden ist.

Wer aber dennoch einen Eindruck davon bekommen möchte, wie einige der am meisten geachteten Luftfahrtpioniere der Welt in Australien aktiv gewesen sind, ist in Longreach richtig: Der kleine Außenposten im Outback von Queensland ist eng mit der Geschichte von QANTAS verwoben und besitzt ein großes Luftfahrtmuseum, das die Herzen all derer höherschlagen lässt, die das Kerosin im Blut haben.

39 Fluchen

#¥!%?

Wäre das Fluchen olympisch, würden australische Teilnehmer die Medaillen unter sich ausmachen. Mit Wonne wird alles und jeder, das/der es auch nur entfernt verdient haben könnte, angemotzt und angemeckert. Doch gerade diese Professionalität sorgt dafür, dass das *cursing* weniger obszön wirkt, als es zunächst klingen mag. Es ist einfach Teil des Alltags.

Typisch australisch ist das Attribut *bloody.* Kaum zu glauben, was *down under* alles als »blutig« tituliert wird. Praktischerweise ist *bloody* an sich schon recht vielseitig: Man kann es alleine verwenden, um etwas als beschissen oder verdammt zu kategorisieren, aber auch um andere Adjektive zu verstärken. Das funktioniert in beide Richtungen: *Bloody good* ist entsprechend verdammt gut, *bloody cold* bezeichnet Temperaturen deutlich unter Wohlfühlniveau.

In Ergänzung dazu gibt es auch ein klassisches Nomen, mit dem geschimpft wird: *bastard.* Es bleibt unklar, woher die kategorische Ablehnung unehelicher Kinder stammen mag, doch das hält Australier nicht davon ab, vermeintliche Idioten schamlos als Bastarde zu titulieren. Diese zweifelhafte Ehre wird allerdings auch gern leblosen Gegenständen zuteil. Kombiniert mit dem favorisierten Adjektiv darf *bloody bastard* als der urtypische Fluch Australiens gelten.

Doch das soll nicht über die Omnipräsenz des gewöhnlichen *fuck* hinwegtäuschen. Ein *fuck* geht immer, doch leider verliert es durch den inflationären Gebrauch immer mehr an Würze. Dieser lässt sich zweifelsohne auf die universellen Verwendungsmöglichkeiten des *fuck* zurückführen. Es ist Nomen *(»I don't give a fuck!«),* Adjektiv *(»Fucking idiot!«)* und Verb *(»Fuck this shit!«)* zugleich. Manch einer koppelt *fuck* mit sich selbst zu einem *fucking fuck,* um die Wirkung zu potenzieren. Für besonderen Effekt kann man beliebig angepasste *fucks* mit religiösen Elementen kombinieren.

Es lässt sich also festhalten: Fluchen ist eine Wissenschaft für sich. Teilnehmen an dieser Disziplin sollte man allerdings nur, wenn man die Sprache akzentfrei beherrscht. Und: nicht aufgeben. Die Übung macht den Meister.

Beispiel: *This is fucking beautiful.*

40 Flughunde und Fledermäuse

Die Fauna, die kopfsteht

Brisbane, Frühling. Das Pärchen kommt spät auf dem Campingplatz an und ergattert den letzten freien Stellplatz. Sie sind entzückt, dass es sich um ein schattiges Plätzchen unter einem großen Baum handelt. Glücksfall! Munter errichten sie ihr Zelt und winken mir fröhlich zu. Ich winke freundlich zurück und lächle; schließlich weiß ich, was sie in dieser lauen Nacht erwartet.

Kurz: Fledermäuse. Lang: ein bemerkenswertes Schauspiel, kurz vor Sonnenuntergang, jeden Abend. Hunderte – wenn nicht Tausende – riesiger Fledermäuse mit einer Spannweite von bis zu einem Meter tauchen aus dem Nirgendwo auf und machen die *camping site* zu ihrem Spielplatz. Besonders wohl fühlen sie sich an dem großen Baum, unter dem das bedauernswerte Pärchen sein Zelt aufgebaut hat.

Ihren Blicken ist zu entnehmen, dass sie dieses Naturereignis nicht so sehr zu schätzen wissen wie zum Beispiel ich. Wie an Schnüren gezogen gleiten die Fledermäuse durch die Luft, quietschen vergnügt vor sich hin und dezimieren nebenbei elegant die Mückenpopulation. Natürlich sind die Tiere für den Menschen ziemlich harmlos, doch erschreckend viele Reisende fürchten sich vor Fledermäusen und Flughunden. Das Pärchen scheint weniger ängstlich zu sein, sondern sich vielmehr darüber zu ärgern, dass ihr Zelt mit großzügigen Geschenken aus Guano veredelt wird. Der Hinweis, dass Guano einst äußerst wertvoll war, vermag ihre Stimmung nicht zu verbessern.

Wer einmal Flughunde beobachten möchte, ohne seine Habseligkeiten in Mitleidenschaft zu ziehen, kann dies in den Royal Botanical Gardens in Sydney tun. Zwar versucht man seit Jahren, die vermeintlichen Schädlinge von dort zu vertreiben, doch das interessiert niemanden weniger als die Flughunde selbst. Jeden Tag hängen sie zu Tausenden in den Bäumen herum und ziehen genervte Gesichter, wenn sie ins Tageslicht schauen müssen – wie ein Kind, das sich frühmorgens noch unter seiner Bettdecke verstecken möchte.

41 Flying doctors

Der Arzt, dem die Rauen vertrauen

Normalerweise waren wir immer zu dritt. Doch heute war Ben nicht zum Ausritt erschienen. »Wo ist Ben?«, fragte ich. »Hat einen Leberfleck am Hintern«, lautete die karge Antwort. Anscheinend war der Arzt im Dorf ...

Es versteht sich von selbst, dass die medizinische Versorgung in den wirklich abgelegenen Gebieten nicht so einfach ist wie in einer Großstadt. In diesem Fall handelte es sich um ein kleines Städtchen im Outback, das keinen niedergelassenen Arzt hatte. Was einen nicht umbringt, macht einen härter, lautete die Devise. Doch wenn der Medikus auf seiner Durchreise Halt macht, kann man alle Wehwehchen auf einen Schlag durchbesprechen – und im Zweifel werden dann Nägel mit Köpfen gemacht. Wie in Bens Fall: Verdacht auf Hautkrebs. Schnipps.

Wichtig ist da natürlich der Hinweis an Neuankömmlinge, sich nicht zu verletzen. So wie bei meiner ersten Reitstunde: »Das Wichtigste ist, nicht vom Pferd zu fallen, denn der nächste Arzt ist eine Dreiviertelstunde entfernt!«, so der Rat meiner Lehrerin. Eine Dreiviertelstunde mit dem Flugzeug, versteht sich.

Um die wichtigste Versorgung in ganz Australien sicherzustellen, wurde Anfang des 20. Jahrhunderts der Royal Flying Doctor Service ins Leben gerufen. Er bringt Ärzte in einsame Regionen und Kranke daraus weg – und hat so schon manches Menschenleben gerettet, denn eine Landebahn wird sich schon finden (notfalls nimmt man die vom Nachbarn). Natürlich ist dieser Dienst nur für Notfälle gedacht. Andernfalls kann es schon mal vorkommen, dass man nach Monaten des Wartens einen Termin beim Spezialarzt bekommt – der allerdings fünf Tagesreisen entfernt praktiziert ...

Wer in abgelegenen Regionen wie der Kimberley wohnt, muss zwangsläufig abhärten. Anderswo in Australien erfreuen sich derweil dubiose Naturheilpraktiker wachsender Beliebtheit.

42 Footie
Australian Rules Football

International macht sich die sportbegeisterte Nation Australien vor allem im Cricket und im Rugby einen Namen – leider beides Sportarten, die nicht durch Spielfluss und Ästhetik auffallen. Doch zum Glück gibt es noch Australian Rules Football.

Footie wird die Alternative genannt: Basierend auf dem klassischen Football mit modifizierten Regeln hat Australien sich eine Sportart geschaffen, die wesentlich leichter zu genießen ist. Auch hier wird gekämpft, aber anders als beim Rugby wird dadurch nicht ständig der Spielfluss unterbrochen. Im Vordergrund steht Geschick, nicht Gewalt. Vielleicht auch deshalb ist *footie* zum populärsten Zuschauersport aufgestiegen.

Besonders praktisch für die Fans: Gefühlt jedes zweite Spiel ist ein Derby, denn die Begeisterung für den Sport ist nicht gleichmäßig im Land verteilt. Von den 18 Mannschaften, die die Australian Football League (AFL) bilden, sind gleich zehn in und um Melbourne daheim. Der ewige Konkurrent Sydney ist dagegen nur mit zwei Teams vertreten. Das Reisebudget der anderen Teams, etwa aus Perth, dürfte ungleich höher ausfallen.

Doch an Geld scheint es fürs Erste nicht zu mangeln, denn die AFL implementierte bereits 1987 ein *salary cap* – eine Obergrenze für die Gehälter, die an Spieler ausgezahlt werden dürfen, mit dem Ziel, dass die reichsten und profitabelsten Vereine nicht bloß durch ihr üppiges Budget die Liga dominieren können. Die Idee hat sich durchaus als gut bewiesen, denn die meisten Teams haben seither wenigstens einmal das Finale erreicht und mehr als die Hälfte konnte mindestens einmal die Meisterschaft für sich entscheiden.

43 Frühstück

Aber bitte mit Speck

Frühstück, pragmatisch mit *brekkie* abgekürzt, ist eine der drei Mahlzeiten, die für sich den Anspruch erheben, die wichtigste des Tages zu sein. Doch für das klassische *big breakfast* reicht es selten.

Stress ist *down under* auch nix Neues: Immer mehr Leute wählen ein hastiges Frühstück. Zwischen Tür und Angel gibt's zwei Scheiben Toast, eine Schüssel *cornflakes* oder – auch dieser Trend hält Einzug – gar nichts, auch bekannt als ein *dingo's breakfast.* Aufwachen, nachschauen, feststellen, dass nichts zu essen da ist. Weitermachen.

Wesentlich interessanter ist es aber, wenn ein volles australisches Frühstück serviert wird. Das ist in Restaurants und Hotels wesentlich einfacher als daheim, sodass auch viele Aussies sich bei Gelegenheit auswärts für den Tag stärken. Ähnlich üppig, aber weitaus weniger pervers als sein britisches Gegenstück: Regelmäßig serviert werden neben Toast, Eiern und Speck (und zwar der dicke, *ham,* und nichts anderes!) auch Würstchen, Bohnen in Tomatensauce, *hash browns,* gebratene Pilze und Tomaten. Wie man dieser Beschreibung sicher entnehmen kann, braucht man für eine solche Mahlzeit einen großen Teller, einen großen Appetit und genügend Zeit im Anschluss, um genüsslich zu verdauen.

Die Eier können nach Wunsch bestellt werden. Zu den eher britisch angehauchten Rezepten gehören die *eggs benedict,* wobei pochierte Eier mit Speck und Sauce hollandaise kredenzt werden.

44

Funny place names

Orte, die zum Auslachen einladen

Von Humpty Doo bis Tittybong: über Australiens Vorliebe für lustige und unanständige Namen

Viele Ortsbezeichnungen *down under* haben ihren Ursprung in der Sprache der *aboriginals,* die sich in der jeweiligen Gegend niedergelassen haben. Werden sie dann mit englischen Elementen vermischt, ergeben sich allerlei kuriose Namen wie Wolloomooloo, Wollongong, Kununurra, Wagga Wagga, Joondalup oder Wonthaggi. Der Knoten in der Zunge ist vorprogrammiert.

Darüber hinaus besitzen die Australier eine Vorliebe für eindeutig zweideutige Anspielungen in Ortsbezeichnungen. Zwar haben sehr viele Orte ein Äquivalent auf der Nordhalbkugel – dem englischen Erbe sei Dank –, doch ein Name wie beispielsweise West Mid Intercourse Island darf sich sicherlich seiner Einzigartigkeit rühmen.

Auffallend ist zudem die Vorliebe für die Verwendung des Wortes *knob,* von Yorkeys Knob im hohen Norden bis hin zu Spanker Knob im Süden. Ergänzt wird das reichhaltige Angebot an *knobs* durch einige wirklich kuriose Ortschaften: Was man sich bei der Gründung von Dörfern mit den Namen Cockburn, Tittybong oder Blowhard gedacht hat, muss wohl ein Rätsel bleiben. Gleiches gilt für die Ortsbezeichnungen Pimple, Diehard und Suicide – um nur einige zu nennen.

Auch Sydneys ältester Stadtteil hat mit »The Rocks« einen eher kuriosen Namen.

Gambling

Wetten, dass ...?

Es muss an den Genen liegen: Anders ist die australische Vorliebe fürs Zocken kaum zu erklären. Ob Sportwette, Lotterie oder Tombola – dem Versuch, das eigene Glück auf die Probe zu stellen, kann kaum ein Aussie widerstehen.

Und das Zocken hat Geschichte. Der Klassiker unter den Glücksspielen ist *two-up,* bei dem zwei Pennys in die Luft geworfen werden und man darauf wetten kann, in welcher Kombination sie auf dem Tisch landen werden. Und wer hat's erfunden? Die Australier.

Populär wurde *two-up* als einfaches und doch unterhaltsames Spiel vor allem während der Weltkriegseinsätze australischer und neuseeländischer Einheiten. Da kann es nicht verwundern, dass man das Spiel besonders gerne am ANZAC Day, dem Gedächtnistag für die Soldaten beider Nationen, spielt. (Dazu passend gibt es *ANZAC cookies,* die extra zu diesem Anlass gebacken werden.)

Doch mit dem Fortschritt kamen auch immer mehr Möglichkeiten, sein Erspartes zu verspielen. Heute scheinen die Möglichkeiten unbegrenzt: Sportwetten, allen voran der Melbourne Cup, erfreuen sich höchster Beliebtheit. Genauso die Lotterie im Supermarkt. Oder die Tombola auf dem Parkplatz. Oder das Pokern im Internet. Oder, oder, oder ...

Auch die Casinos können sich nicht über mangelnde Kundschaft beklagen. Das größte und bekannteste von ihnen, Crown's Casino inmitten von Melbourne, hat jedes Jahr über 15 Millionen Gäste – und über die *casino tax* verdient der Staat Victoria fleißig mit: Mehr als drei Milliarden Dollar pro Jahr sind eine gute Schätzung für einen glücklichen Finanzminister.

Beispiel: Ich setze fünf Dollar darauf, dass gleich Tränen fließen.

46 Gartenfrüchte

And all that I can see is just another lemon tree …

Da weiß man wenigstens, was man hat: Früchte aus dem eigenen Garten. Für manche ist es bloß bequem, einen Obstbaum daheim zu haben, aber für selbst ernannte Selbstversorger ist der eigene Bio-Anbau kaum zu ersetzen.

Und man kann es nicht leugnen: So ein Obstbaum ist eine feine Sache. Gerade, wenn er mit schöner Regelmäßigkeit die exotischsten Früchte gratis liefert. Gerne erinnere ich mich an die Zeit zurück, die ich auf einem Privatanwesen verbracht habe, auf dem – einfach so – Passionsfrüchte gediehen. Oder Mangos. Oder Papayas.

Wer mag, kann auch jede Menge wirklich exotischer Früchte kosten. Dazu zählen *jackfruit,* die überraschend beliebten *mangosteen* oder auch *durian.* Durian ist bei Liebhabern bekannt als die Königin der Früchte, bei allen anderen schlicht als Stinkfrucht. Zu Recht. Bizarr ist auch die *chocolate pudding fruit,* deren Fruchtfleisch in der Tat an Schokoladenpudding erinnert. So sehr, dass man es als Basis für – so sehr das auch nach einem Widerspruch klingen mag – schokoladenfreie Schokomuffins verwenden kann!

Sogar der gemeine Zitronenbaum scheint ein gern gesehener Gast auf dem eigenen Grundstück zu sein. Anspruchslos gedeiht er im harschen australischen Klima und liefert riesige Zitronen – so viele, dass man sie kaum alle verwenden kann. Zitronenkuchen, Limonade, Eis … die Früchte sind schließlich doch zu schade, um sie nicht zu nutzen. Allerdings bin ich auch einem Hausbesitzer, der lieber anonym bleiben möchte, begegnet, der prophylaktisch einen Teil der Ernte vernichtet, um sich selbst davor zu bewahren, dass seine Frau monatelang jedes Essen und jeden Snack mit Zitrone verfeinert …

47 Gastfreundschaft

Willkommen daheim, fern von zu Hause

Australische Gastfreundschaft: herzlich und unkompliziert

Diese Geschichte aus einem Privathaushalt steht stellvertretend für die Offenheit und das Vertrauen, dass einem als Fremden entgegengebracht wird. »Du darfst alles anfassen, außer meiner Tochter!«, so lautete die einzige Regel im Haushalt.

Die Gastfreundschaft, die ich in nahezu jedem Haushalt erleben durfte, war überwältigend. Unverkrampft und unaufdringlich, stets hilfsbereit. Doch sollte man nicht erwarten, dass man den sprichwörtlichen Arsch hinterhergetragen bekommt: Eher wird man von Anfang an wie ein Familienmitglied behandelt. Man darf sich am gemeinsamen Kühlschrank bedienen, aber dass man beim Abräumen hilft, versteht sich von selbst. Als Gast, der nur für einen Abend vorbeischaut, genügt es völlig, wenn man seinen Alkohol mitbringt (den man im Zweifelsfall dann auch alleine leert).

Auch hatten die wenigsten Hemmungen, mir ihr Haus zu überlassen. Bereits nach einigen Tagen vertraute man mir so sehr, dass man mich ohne Zögern mit Hab und Gut alleine ließ. Selbst Familiengeheimnisse wurden mir äußerst rasch anvertraut – und die eigentlichen Tabuthemen wurden noch bei jedem meiner Gastgeber eher früher als später angeschnitten.

Selbst bei der Wohnungssuche zeigte sich das Vertrauen, dass einem entgegengebracht wird, sehr deutlich. Die Bewertung »Du siehst anständig aus!« reichte als Qualifikation bei meiner Wohnungssuche in Sydney – und schon hatte ich, obwohl ich sicher nicht anständig aussah, Wohnungsschlüssel in der Hand, ohne Protokoll, ohne Vertrag, ohne auch nur Kontaktdaten anzugeben. Bis heute die erfolgreichste WG, in der ich wohnen durfte!

WELCOME

48 Geld

Money for nothin'

Wer zum ersten Mal australisches Geld in den Händen hält, wird zwei Dinge feststellen. Erstens: Es ist verwirrend. Zweitens: Man braucht sehr viel davon.

Es könnte schlimmer sein. Aber ein wenig irritierend ist es dennoch. Die größte runde Münze ist das 20-Cent-Stück. Größer sind nur die 50-Cent-Stücke, die allerdings zwölfeckig sind. Die Dollar-Münze ist zwar golden, aber nur ungefähr so groß wie das 10-Cent-Stück. Um die Verwirrung zu vervollkommnen, ist das 2-Dollar-Stück noch kleiner – winziger sogar als die mittlerweile ausrangierten 2-Cent-Münzen.

Besser ist es bei den Geldscheinen. Die Noten sind mittlerweile aus Plastik und damit weitestgehend unverwüstlich, auch wenn sich das Gerücht hält, man könne sie im Backofen zu Miniaturgeld zusammenschrumpfen lassen. Jeder Schein hat eine klare Farbe und ist – Plastik sei Dank – an einer Stelle sogar durchsichtig.

Mit der ungewohnten Währung wird man als Reisender schnell zurechtkommen, denn man wird viel davon ausgeben. Australien hat sich klammheimlich zu einem der wohlhabendsten Länder der Welt gemausert. Was die Wirtschaftsleistung (pro Kopf) angeht, hat es sogar Europa weit hinter sich gelassen. Zudem hat sich der Wechselkurs in den letzten Jahren deutlich zugunsten des australischen Dollars entwickelt, sodass Australien sich nun keineswegs mehr eine *budget destination* schimpfen darf. Zu grundsätzlich höheren Lebenshaltungskosten gesellen sich immer wieder Mondpreise für gewisse Güter. Zwar ist der logistische Aufwand, frische Früchte auch in die abgelegenen Regionen zu transportieren, enorm, doch erschrickt bei Preisen von umgerechnet 30 Euro pro Kilo für exotisches Obst auch ein abgebrühter Apotheker.

HORSE
POO
$2.00 bag

49 Gold Coast

Es ist nicht alles Gold, was glänzt

Name ist Programm: An der Sunshine Coast scheint die Sonne, an der Gold Coast glitzert es golden. Doch die berühmten Urlaubsziele in der Gegend um Brisbane bieten so einige Überraschungen – im Guten wie im Schlechten.

Die gesamte Goldküste im Süden Brisbanes war seit jeher beliebtes Ausflugsziel der Städter, die hier das Meer genießen wollten. Doch die Entwicklung, die Orte wie Surfers Paradise genommen haben, hätte wohl niemand ernsthaft vorhersagen können. Im Jahre 1933 eröffnete das Surfer's Paradise Hotel seine bescheidenen Pforten – heute zieren Wolkenkratzer die Szenerie und der Ort dürfte, gemessen an der Anzahl seiner Einwohner, die wohl beeindruckendste Skyline der Welt aufweisen. Aus der Ferne sieht Surfers aus wie eine Großstadt, geprägt unter anderem vom höchsten Wohngebäude der südlichen Hemisphäre.

Doch der Schein trügt. Man gewinnt den Eindruck, niemand wohne hier wirklich. Es ist ein Urlaubsort aus der Retorte – Australiens Antwort auf Las Vegas – und dennoch höchst beliebt, denn für Entertainment ist gesorgt. Von Casinos über Bowlingbahnen und Flugsimulatoren hin zu Vergnügungsparks und Schießständen bietet Surfers nahezu unbegrenzte Möglichkeiten, Zaster in Adrenalin einzutauschen. Von einer lebhaften Partyszene ganz zu schweigen. Da kann es kaum verwundern, dass sich die ganze Gold Coast – und Surfers Paradise im Besonderen – zu einem der angesagtesten Ziele für australische Urlauber entwickelt hat, die das geliebte Heimatland nicht verlassen möchten (ansonsten geht's nach Bali). Besondere Wertschätzung genießt die Action-, Spaß- und Partyszene bei den Absolventen der *high schools,* die hier ihre als *schoolies* bezeichneten Abschlussfahrten mit viel Alkohol und Gegröle zelebrieren.

Der Name des Ortes weist übrigens auf seine eher bescheidenen Anfänge hin: Surfers Paradise gilt als der letzte *hot spot* für Surfer, bevor das Great Barrier Reef weiter im Norden die Brandung zu stark abschwächt.

50 Great Blue Sky
Permanent blaues Firmament

Der Himmel ist groß und blau und endlos. So ganz kann man diese Beschreibung erst verstehen, wenn man mit eigenen Augen die Weite des australischen Himmels erfasst.

Kein Vergleich zur Großstadt, wo man in den Häuserschluchten vielleicht einen Klecks Dunst im Himmel ausmachen kann. In der Wildnis gibt es keine Häuser, keine Berge und teilweise nicht einmal Bäume, die den Blick zum Horizont versperren. Die Luft ist trocken und sauber – weder Feuchtigkeit noch Dreck schwirren umher. Folglich ist der gesamte Himmel – von ganz oben bis ganz unten – von einem tiefen, gesunden Blau, an dem man sich so schnell nicht sattse-

hen kann. Selbst bei Schlechtwetter wirkt der Himmel endlos ... und weckt gallische Urängste, er könne einem auf dem Kopf fallen. Schöner ist es aber, mit dem Auto unter dem *big blue sky* entlangzudüsen und sich einfach nur frei zu fühlen.

Dafür sind die Sonnenuntergänge oftmals schnell und unprätentiös. Wenig dramatische Farben, mehr so, als würde jemand da oben langsam das Licht dimmen. Je näher man dem Äquator ist, desto schneller fällt die Sonne dabei hinter den Horizont.

Am besten lässt sich der Himmel im tiefsten Outback oder an einem einsamen Strand genießen.

51 Greyhound Bus
Öffentlicher Personenfernverkehr (ÖPFV)

Spezies aus anderen Ländern haben in Australien fast durchweg großen Schaden angerichtet. Zu den wenigen erfolgreichen Gattungen, die nachhaltig angesiedelt wurden, zählt der Windhund aus Amerika, der *greyhound.*

Jeder Besucher in Australien wird früher oder später einem *greyhound* in seiner natürlichen Umgebung begegnen. Das ist nicht weiter erstaunlich, denn sie halten sich bevorzugt in urbanen Ballungsräumen auf und stechen durch ihr knallrotes Äußeres ins Auge. Obwohl es sich um eine nomadische Spezies handelt, zeigen sie ein stark ausgeprägtes territoriales und soziales Verhalten. Regelmäßig lässt sich ihre Rast an den immer gleichen Stellen beobachten. Innerstädtisch zeigen sich *greyhounds* auch gerne in größeren Gruppen.

Erstaunlich ist die Mikroevolution, die *greyhounds* innerhalb kürzester Zeit durchgemacht haben. Nicht nur haben sie sich an das Klima angepasst, sondern auch an die langen Strecken, die sie typischerweise zurücklegen. Mit bemerkenswerter Regelmäßigkeit sind sie bis zu 24 Stunden am Stück unterwegs, unterbrochen nur durch kurze Ruhepausen. Die effektive Umwandlung fossiler Rohstoffe erlaubt den *greyhounds,* auch längere Strecken mit bis zu 100 km/h zurückzulegen. Damit sind sie nicht ganz so schnell wie Geparden, aber wesentlich ausdauernder.

Greyhounds haben ihren Rhythmus im Wesentlichen dem ihrer Beute angepasst. Einzelne Tiere sind auch nachts aktiv, doch sind *greyhounds* überwiegend bei Tageslicht unterwegs. Sie ernähren sich vorzugsweise von mittellosen Backpackern, die sie geschickt mit Sonderpreisen anzulocken verstehen.

52 Großeinkauf
Lagerhaltung

Was man nicht im Kopf hat, hat man im Tank. Diese Weisheit gilt umso mehr, wenn der nächste Tante-Emma-Laden mehr als zwei Autostunden entfernt ist.

Fernab von der nächsten Großstadt, Kleinstadt oder auch nur einem Dorf ist Haushalten eine ganz neue Herausforderung. Besser ist es, wenn man seinen Einkaufszettel doppelt und dreifach prüft, bevor man loszieht, denn wer Zahnpasta oder Zigaretten vergisst, wird sich hinterher richtig ärgern.

Auf einer Farm in den Northern Territories ist mir dies besonders deutlich geworden. Bis zum Briefkasten an der Straße dauerte es schon zwanzig Minuten mit dem Auto. Bis zum nächsten Kramladen (rechts abbiegen), in dem es nur das Notwendigste gab, waren es schon 100 Kilometer; vom ersten Supermarkt (links abbiegen), der das Attribut »super« auch verdiente, trennten uns gleich 200 Kilometer. Kein Wunder, dass die Farmer gleich mehrere Tiefkühltruhen (die anderswo als Industriefroster durchgehen würden) und zwei Kühlhäuser besaßen. Für das Krokodilfutter gab es noch einen separaten Trailer, in dem sich Pferdefleisch in handlichen 20-Kilo-Boxen nebst schockgefrosteten Krokodilleichen stapelte.

Solche Kühlhäuser möchten natürlich gefüllt werden – was den Großeinkauf reichlich anstrengend macht. Daheim hat man dann so viele Vorräte, dass man es mit dem Laden an der Ecke problemlos aufnehmen kann. Aber es macht die einfache Frage, was man denn heute kochen möchte, zu einer echten Herausforderung. Von der Frage, wie man große Mengen an Tiefkühlkost zwei Stunden durch die Hitze transportiert, ganz zu schweigen.

Doch es ist nicht nur das Essen, an das man denken sollte. Nichts ruiniert den Feierabend so sehr, wie wenn einem das favorisierte Suchtmittel ausgeht. Daher gehören auch Alkohol, Zigaretten und Koffein auf den Einkaufszettel eingraviert. Ebenso alles, was kaputtgehen oder leer werden könnte – selbst banale Dinge wie Glühbirnen oder Streichhölzer erweisen sich schnell als unschätzbar wertvoll.

53 Grundversorgung

Ich möchte das Elektrizitätswerk kaufen

Ein Leben ohne Strom- und Wasserrechnung: Wer weitab von der Zivilisation lebt, ist auf Selbstversorgung angewiesen. Und die hat ihre Vor- und Nachteile.

Auch in den trockensten Gegenden Australiens stößt man immer wieder auf kleine Oasen. Häuser, die von einem unverschämt grünen Garten umgeben sind, stechen in der blassroten Wüste schon aus weiter Entfernung ins Auge. Paradoxerweise ist die Wasserknappheit im Outback oft kein Thema: Wer kann, zapft das Grundwasser an – und hat als einziger Nutzer im Umkreis von mehreren Kilometern einen nahezu unerschöpflichen Vorrat an kristallklarem Wasser. Anderswo bedient man sich an Flüssen, die durchs Grundstück laufen und hinreichend sauber sind.

Dennoch bleibt Wasser die wichtigste Ressource: Der Wert eines Grundstücks steht und fällt mit der Qualität und Verfügbarkeit des flüssigen Goldes. Mancher Großgrundbesitzer ist daran schon verzweifelt: Auch ich habe jemanden kennengelernt, der seine gesamten Ersparnisse in ein großes Grundstück und zwei Probebohrungen investiert hat – nur um herauszufinden, dass sein Grundwasser nicht nutzbar ist. Dann bleibt nur Regenwasser – doch das hat einen herben Beigeschmack nach allem, was sich so in Dachrinnen sammelt. Aus eigener Erfahrung kann ich bestätigen, dass es wenige Dinge gibt, die so deprimierend sind, wie nicht einmal sauberes Trinkwasser zur Verfügung zu haben.

Bei der Stromversorgung ist die Lage einfacher. Wer nicht ans Netz angeschlossen ist, tut gut daran, sich einen Generator zuzulegen. Je nach Zustand summt der rund um die Uhr vor sich hin und liefert Strom für essenzielle Dinge wie Kühlschränke, Ventilatoren oder Fernseher.

Naheliegend ist außerdem die Nutzung von Sonnenkollektoren. Die sind aber nicht ganz billig und werden daher gerne einmal gestohlen. Zudem sind sie ohne entsprechende Speichermöglichkeiten wenig hilfreich. Es klingt zunächst wildromantisch und reizvoll, ganz ohne Strom zu leben – doch bleibt einem nach Einbruch der Dunkelheit wenig übrig, als leise und frierend in die Dunkelheit hineinzustinken.

Windräder helfen, das kostbare Nass an die Oberfläche zu pumpen.

54

Haie

Der tut nix, der will nur spielen

Die Gefahr, die von Haien ausgeht, wird völlig übertrieben dargestellt. Soweit die These. Doch wozu dann die *shark nets,* die die Tiere von der planschenden Bevölkerung fernhalten sollen? Die australische Antwort auf die Frage lautet: »Äh …«

Kaum überraschen dürfte es, dass sich in den Gewässern rund um Australien auch Haifische pudelwohl fühlen – unter ihnen die drei Arten, die einem Happen Menschenfleisch *al dente* nicht abgeneigt sind: Bullenhaie, Tigerhaie und die Großen Weißen.

Glücklicherweise ist die Anzahl der Haiangriffe dennoch verhältnismäßig sehr gering – und nicht alle verlaufen gleich tödlich, wie so manch einarmiger Surfer zu bestätigen weiß. Doch die menschliche Psyche interessieren solche Fakten natürlich nicht; das Gefühl, im dunklen Wasser könnte sich ein großer Hai umhertreiben, der die Badenden wie das Sushi auf dem Laufband betrachtet, macht nervös – daher die Hainetze an populären Badestränden. Wenn möglich, wird bei der ersten Sichtung einer dreieckigen Flosse zudem kompromisslos das Meer geräumt.

Überhaupt scheinen Haie eine Vorliebe für Surfer zu haben, die sich ja auch weiter hinaus ins freie Wasser trauen. Zunächst vermutete man, sie würden durch die Form des Bretts mit Robben verwechselt, doch zeigte sich, dass das Angriffsmuster ein ganz anderes ist. Die Haie schießen nicht wie sonst aus der Tiefe hinaus, sondern schleichen sich eher interessiert an. Sie scheinen also zu wissen, dass es sich um ungenießbares Plastik handelt, auf dem das Essen schwimmt. Warum sie trotzdem zubeißen? Unqualifizierte Meinung des Autors ist, man möge Spaß an der Freude als Motiv nicht verfrüht ausschließen.

Dazu noch eine kuriose Geschichte für alle Horrorfans, frisch aus dem Jahre 1935. Ein kürzlich gefangener Tigerhai erbrach in der ungewohnten Gefangenschaft einen menschlichen Arm, der wiederum aus dem Magen eines kleineren Hais stammte, den er zuvor verspeist hatte. Tatsächlich gelang es, den sauber abgetrennten Arm anhand einer Tätowierung zu identifizieren – und auf diese Weise einen Mordfall aufzuklären, zu dem bislang die Leiche fehlte!

Im Westen Australiens ist das Wasser so klar, dass man die Haie wenigstens kommen sieht.

55 Harbour Bridge
Kleiderbügel der Herzen

Allenfalls die Golden Gate Bridge ist bekannter: Zusammen mit dem Opernhaus im Vordergrund dürfte die Sydney Harbour Bridge, auch liebevoll *coat hanger* genannt, das meistfotografierte Motiv Australiens sein.

In der Tat ist es enorm schwierig, eine Runde ums Opernhaus zu drehen, ohne mindestens einmal gefragt zu werden, ob man nicht eben ein Foto machen könne. Wer zudem versucht, anderen Leuten nicht ins Bild zu laufen, muss für den Spaziergang deutlich mehr Zeit einplanen.

Was die Brücke so besonders macht, ist allerdings schwer zu erklären. Im Vergleich zu anderen Brücken ist sie weder außergewöhnlich lang noch breit – allerdings sehr hoch, immerhin muss ein großer Ozeandampfer bequem unter ihr hindurchschippern können. Die Höhe ist es auch, die die Besteigung bei Touristen so beliebt macht – wer ein paar Stunden und viel Geld übrig hat, kann den Bogen des *coat hangers* erklimmen.

In Australien gibt es wenige Brücken, die sich mit der Harbour Bridge messen können – da tut es auch keinen Abbruch, dass nahezu parallel zur Brücke ein Tunnel die Bucht unterquert. Und die Aussies hüten sie wie ihren Augapfel. Seit dem 11. September findet sich eine einsame Patrouille an der Brücke, die – das haben kuriose Fernsehexperimente gezeigt – neugierige Araber davon abhalten sollen, sie zu fotografieren. Auch verhindern Zäune, dass die Brücke sich – wie etwa die Golden Gate – zum Magnet für Springer entwickelt.

Ganz billig war der Spaß übrigens nicht: Obwohl die Brücke bereits 1932 fertiggestellt wurde, dauerte es bis 1988, bis alle Schulden über Mautgebühren abbezahlt waren. Bei einer solch üppigen Rechnung war abzusehen, dass die Australier davon ausgehen würden, dass ihnen die Brücke auch gehört. So kam es bei der Eröffnungszeremonie anders als erwartet: Statt der symbolischen Eröffnung durch wichtige Politiker kam ein maskierter Reiter und zerschnitt das Band mit einem Säbel, um die Brücke für das Volk in Besitz zu nehmen.

4
5
6
VIA FREEWAY 175
MM·759

Haustiere
Tierische Gesellschaft

Zu einem echten Haushalt gehört ein Hund – oder besser gleich zwei. Doch viele Australier geben sich damit nicht zufrieden und gönnen sich einen kleinen Privatzoo, der ihnen Gesellschaft leistet.

Auf einer Outbackfarm etwa begegnete ich nicht nur den Kühen, die dort aufgezogen werden, sondern auch einem halben Dutzend Hunden, zwei Kakadus, zahlreichen Tauben, einem guten Dutzend Kängurus, drei Schweinen und einer kleinen Flotte aus Pferden sowie den omnipräsenten Hühnern. Natürlich möchten alle diese Tiere auch gefüttert werden, was Zeit und – nicht zu vergessen – Geld kostet.

Zum Glück arbeiten viele Tiere für ihr Geld. Hunde bewachen das Grundstück; doch auch sie verschlafen manchmal einen Einsatz. Wer sichergehen möchte, dass er nichts verpasst, was sich seinem Heim und Hof nähert, sollte sich Gänse zulegen. Davon abgesehen gibt es Hunde, die bei der Schaf- und Rinderzucht unersetzliche Dienste leisten. Pudel und Chihuahuas bleiben aber *down under* genauso nutzlos wie anderswo auch.

Andere Nutztiere sind Kühe, die immerhin frische Milch liefern, oder Hühner, die aus widerlichen Küchenabfällen erstklassige Eier produzieren. Andere Tiere – wie Schweine oder Ziegen – werden überwiegend gehalten, um sie eines fernen Tages zu schlachten und für die Tiefkühltruhe zu portionieren. Auch so etwas kann schnell unheimlich werden: Einmal erlebte ich amerikanische Gastarbeiter, die nie so fröhlich waren wie während der Tage, an denen sie die Hinrichtung einer Ziege planen und ausführen durften – vom Metzgern ganz zu schweigen ...

Manchmal geht es auf den Farmen aber doch nur um ein bisschen Gesellschaft – und da die endemische Fauna zumeist nachtaktiv ist, bieten sich dafür die üblichen Verdächtigen, also Wauwau und Mieze, an. Das entpuppte sich für die australische Natur allerdings als tödlich: Wilde Katzen und Hunde dezimieren die australische Tierwelt Jahr für Jahr, und selbst artige Hunde, die offiziell »so etwas nie tun würden«, naschen schon einmal an einer bedrohten Tierart.

Beaches of 1770 REALTY
OPEN

57 Head over heels

Über die Nachteile von Vorurteilen

Jedes Land hat mit Klischees zu kämpfen. Briten haben schlechte Zähne und stehen gerne Schlange. Deutsche haben eine Schwäche für Würstchen und eine Stärke für Invasionen. Und wie man über Franzosen lästert, lasse ich besser unausgesprochen. An solchen Klischees erfreuen sich natürlich auch die Aussies, die gerade ihre europäischen Mitmenschen, aber eigentlich so ziemlich jeden Ausländer bemitleiden – schließlich lebt der ja nicht in dem Land, in dem Milch und Honig fließen.

Doch natürlich kriegt auch Australien genug von Vorurteilen ab. Üblicherweise erschöpft sich die Vorstellung von einem echten Australier in einem von zwei Stereotypen (die beide von Verbrechern abstammen, versteht sich). Entweder hat man es mit einem grobschlächtigen und ungebildeten Schafhirten zu tun, dessen Horizont am Zaun seiner Farm endet, oder mit dem ebenso gut aussehenden wie hirnlosen Surfer, der sein Leben auf der Suche nach der perfekten Welle verbringt. Und: Überall gibt es, natürlich, Kängurus.

Doch existieren auch Gags, die totgeritten werden. Irgendwann etablierte sich der Running Gag, in Australien stehe alles kopf und laufe alles verkehrt herum. Daran werden auch die *Simpsons* nicht ganz unschuldig sein, die mit ihrer legendären Episode die (leider völlig falsche) These popularisierten, in Australien drehe sich das Wasser im Abfluss anders herum (besser: verkehrt herum). Entsprechend sind Fotos, die auf dem Kopf stehen, in Australien gemacht worden.

Glücklicherweise begegnete man diesem Nordhalbkugel-Chauvinismus auf clevere Weise, etwa indem man Weltkarten druckte, die verkehrt herum waren – oder auch nicht, schließlich gibt es im Weltraum kein oben und unten. Man sollte allerdings nicht erwarten, dass noch irgendjemand auch nur den Mundwinkel verzieht, wenn man versucht, einen Witz darüber zu machen, dass in Australien etwas auf dem Kopf stehe. Besser, man versucht sich an weniger albernen, dafür kreativeren Scherzen.

58 Henley-on-Todd Regatta

Nur für Landratten

Alljährlich, direkt nach Weihnachten, startet das Bootsrennen von Sydney nach Hobart. Das Bluewater Classic zählt zu den wichtigsten, aber auch anspruchsvollsten Jachtrennen der Welt.

Dass es wirklich um die Wurst geht, zeigt ein Blick auf die Statistiken. Rund 100 der weltweiten Top-Teams des Sports geben sich in Sydney ein Stelldichein, bevor sie in wenigen Tagen die tückische Passage nach Tasmanien hinter sich bringen. Dabei verwenden sie ausschließlich Hightech-Equipment im Wert von Millionen von Dollar. Und auch das ist kein Erfolgsgarant, denn das Rennen ist äußerst gefährlich. So kam es bei dem verheerenden Event von 1998 gleich zu sechs Todesfällen und fünf Totalverlusten.

Kurzum: Die Rallye ist spannend zu beobachten, doch für den Normalsterblichen viel zu abgehoben. Aber man wird ja wohl noch träumen dürfen. Und genau aus diesem Grund haben die findigen Aussies ein Bootsrennen ins Leben gerufen, an dem sich auch Amateure erfreuen können.

Seit 1993 treffen sich jedes Jahr professionelle Badewannenkapitäne in Alice Springs, um im Flussbett des Todd River eine Regatta abzuhalten. Der Clou: Der Fluss führt im Regelfall kein Wasser. Vielmehr handelt es sich um ein Seifenkistenrennen, das sogar annulliert werden musste, als der Fluss tatsächlich – aus Versehen – einmal Wasser führte. Doch das hält die Teilnehmer nicht davon ab, ihre Boote äußerst liebevoll zu gestalten und sich mit vollem Enthusiasmus in die Schlacht zu stürzen: als Pirat oder Wikinger, versteht sich.

KILL THE W
Thinking of MOVING?
Call
Dominic Miller at

59

Highways

Geradeaus, nach 327 km rechts abbiegen

Wer Einsamkeit erfahren möchte, kann sie im wörtlichen Sinne leicht er-fahren: hinters Steuer setzen und immer der Sonne hinterher. Australien bietet einige der einsamsten Fahrten, die man sich ausmalen kann – und das Navigationssystem wird sich zu Tode langweilen.

Gerne wird die Größe des Kontinents unterschätzt. Ambitionierte Reisende hegen den Plan, ganz Australien auf der »längsten Straße der Welt«, dem Highway 1, zu umrunden – und das innerhalb weniger Wochen. Sie alle scheitern.

Zwar symbolisieren die schier endlosen Fahrten unter dem großen blauen Himmel die Freiheit, doch können solche Reisen sehr schnell langweilen. Von vereinzelten Fahrzeugen und Tieren abgesehen, ist die Abwechslung einfach zu gering. Da kann es schon mal passieren, dass man verträumt seine Ausfahrt verpasst, was ärgerlich ist, weil es die einzige im Umkreis von hundert Kilometern ist. Damit man nicht gleich einnickt und einen Unfall baut, gibt es an ausgesuchten Haltepunkten kostenlosen Kaffee. Und am Abend, nach einer langen Fahrt, kann man entsetzt an der Übersichtskarte feststellen, dass man kaum einen Fingerbreit vorangekommen ist.

Dabei ist das Straßennetz in weiten Teilen Australiens sehr überschaubar. Meist gibt es ohnehin nur einen Highway, der zur nächstbesten Stadt führt. Im hohen Norden Australiens gibt es erst seit Kurzem eine asphaltierte Straße; bis dahin waren die nördlichsten Orte während der Regenzeit faktisch von der Außenwelt abgeschnitten.

Die wirklichen Abenteurer geben sich aber mit solch piefigen Fahrten nicht zufrieden und wagen sich auf die wirklich abgelegenen Routen, wie etwa die direkte Verbindung von Perth nach Alice Springs im Zentrum des Landes. Davon kann man aber unerfahrenen Reisenden nur abraten: Im Outback gibt es weder Wasser noch Sprit noch Empfang fürs Handy, und in eine Bredouille gerät man schneller, als einem lieb sein kann.

60

Historische Bauten

Alter ist relativ

Auf dem Weg vom Flughafen in Adelaide zur Innenstadt geriet ich an einen enthusiastischen Shuttle-Fahrer. Geschickt integrierte er eine Stadtrundfahrt in die Tour und verriet die schönsten Ecken der Stadt. Nur einmal hielt er an, damit alle Passagiere Fotos machen konnten: »Nun sehen Sie sich das an! Haben Sie so etwas schon mal gesehen? Kurios!«

Was war passiert? Wir hatten vor einer Kirche gehalten. Einer alten Kirche, um genau zu sein. Umgeben von weniger alten Gebäuden.

Die Europäer im Bus konnte das nicht aus den Sitzen heben. Man ist es gewohnt, dass alte Gebäude direkt neben neuen stehen, und an Kirchen mangelt es auf dem Kontinent auch nicht. In Australien aber, wo nichts älter ist als zweihundert Jahre und das Meiste ganz neu, ist ein solcher Anblick wahrlich außergewöhnlich. Genau aus diesem Grund ist ein Land wie Italien für Aussies nahezu unfassbar. Dass einem an jeder Straßenecke die Geschichte, teils jahrtausendealt, ins Gesicht springt, scheint absolut unvorstellbar.

In Australien gibt es nur ein paar Gegenden, in denen man sich an historischen Gebäuden erfreuen kann. Einige der Großstädte haben noch schöne alte Bauten im Kern – allen voran Sydney, bei dem man einen Spaziergang durch das historische Viertel »The Rocks« nicht warm genug empfehlen kann.

Gelegentlich wird man auch noch auf alte Wohnhäuser stoßen; einige der *homesteads* haben locker ein Jahrhundert auf dem Buckel. Entsprechend charaktervoll knarzen sie an allen Ecken und Enden, sind aber oft wesentlich gemütlicher als moderne Häuser.

Der Mangel an Geschichte kann einen auch ganz unvorbereitet treffen. Selbst kleinere Städte bieten oft ein Museum mit lokalen Schätzen an, die man zum Spottpreis bestaunen kann. Dabei handelt es sich meist um ein loses Sammelsurium aller Fundstücke aus der Geschichte der Stadt. Auch banale Gegenstände sind willkommen: In einem Museum etwa hatte man stolz eine »Milchflasche, ca. 1974« in eine Vitrine gestellt ...

AAMI
OCK COAL

Hitchhiking

Daumen hoch für Daumen raus

Es ist halb zehn an einem strahlend schönen Tag. Quietschend und zischend kommt der Bus zum Stehen. Als einziger Fahrgast steige ich aus, nehme mein Gepäck in Empfang und sehe dem Bus hinterher, wie er in einer großen Staubwolke davonbraust. Es wird still am Stuart Highway, südlich von Darwin. Ich wundere mich, dass niemand hier ist, denn eigentlich sollte ich ja abgeholt werden ...

Es dauert ungefähr zwanzig Sekunden, bis ich von den Fliegen entdeckt werde. Spätestens ab diesem Zeitpunkt muss ich mir zumindest um Gesellschaft keine Sorgen mehr machen, denn Insektenschutzmittel hilft gegen die australische Fliege leider nicht.

Nach einer halben Stunde war klar, dass man mich offensichtlich vergessen oder des Transports für unwürdig befunden hatte. Leider war der Ort Batchelor, zu dem ich eigentlich wollte, von der Haltestelle noch 15 Kilometer entfernt. Zu weit mit dem Gepäck bei der Hitze.

Also stellte ich mich an den Straßenrand und versuchte, alle Autos, die nach Batchelor abbogen, zum Anhalten zu bewegen. Viele Fahrer winkten freundlich zurück, aber bis jemand anhielt und mich mitnahm, vergingen noch rund 90 Minuten. Nervös wurde ich nicht, denn es gibt kaum ein Land, in dem ich lieber hilflos am Straßenrand stehen würde als Australien. Aber öde war's.

Wie in so ziemlich jedem Land warnt der Reiseführer vor den Risiken des *hitchhiking;* empfohlen wird es nie. Nichtsdestotrotz ist es äußerst populär und, wie mein Fall zeigt, gelegentlich ohne Alternative. Da hilft es auch nichts, dass Australien auch seinen Anteil an Horrorgeschichten hat, in denen arglose Backpacker im Mittelpunkt stehen, die zum fremden Mann ins Auto steigen.

Bei mir blieb es glücklicherweise bei dieser Ausnahme, aber andere Reisende beweisen wesentlich mehr Durchhaltevermögen: In einem Hostel begegnete ich einem Deutschen, der es sich zum Ziel gesetzt hatte, mit möglichst wenig Budget das Land zu erkunden. Dazu schlief er draußen unter einem Stück Pappe und versuchte, allein als Anhalter vorwärts zu kommen – und das mit einer Engelsgeduld, denn an Nebenstraßen konnte es vorkommen, dass er bis zu 11 Stunden auf einen gnädigen Fahrer warten musste ...

So mancher Hitchhiker beteiligt sich zumindest am Benzin – das ist nämlich auch nicht mehr so günstig wie früher.

Hitze

Leben im Backofen

Die australische Hitze ist legendär. In so ziemlich jedem Winkel des Landes kann es im Sommer unangenehm heiß werden, doch so mancher Ort leidet ganzjährig unter apokalyptischen Temperaturen.

Die Ostküste hat es noch gut; selbst im Norden sind die Temperaturen selten so extrem wie etwa in den Northern Territories, South Australia oder weiten Teilen von Western Australia. Gerade im Westen finden sich mehrere Orte, deren durchschnittliche Jahrestemperatur bei über 35 Grad liegt. Im Schatten, wohlgemerkt.

Das Leben ist an solchen Orten eigentlich nur mit Klimatisierung – rund um die Uhr, unterwegs wie daheim – möglich. Als Umweltschutz noch kein großes Thema war, ließen viele Hausbesitzer sogar die Klimaanlage laufen, während sie in den Urlaub gefahren sind.

Wer einmal bei großer Hitze draußen oder gar in der prallen Sonne körperlich tätig war, wird wissen, wie sehr das an den Kräften zehrt. Trotz Unmengen von Wasser ist man nach kürzester Zeit erschöpft, der Appetit vergeht und selbst in der Freizeit ist jede Tätigkeit, die über phlegmatisches Zappen hinausgeht, zu anstrengend.

Selbst Aussies, die nicht rund um die Uhr kühlen wollen, legen Wert auf eine Klimaanlage im Schlafzimmer, denn die Hitze macht auch das Schlafen schwer. Ich selbst hatte das Vergnügen, mehrere Wochen in den Northern Territories ohne Klimaanlage zu schlafen – möglich war das nur mit mehreren Ventilatoren und nassen Tüchern auf dem Körper.

So gut man auch auf die hohen Temperaturen eingestellt ist: Es gibt immer wieder Hitzewellen, die große Teile des Landes erlahmen lassen. Und das gilt nicht nur für Menschen: Bei extremer Wärme fallen schon mal tote Insekten vom Himmel, denen die Kraft ausgegangen ist. Koalas, die unter normalen Umständen gar nicht trinken müssen, kommen für einen Drink auf Grundstücke und in Häuser gelaufen.

Erst 2013 brach eine Hitzewelle im Südosten alle bisherigen Rekorde – für die Wetterkarte musste eine neue Farbe gefunden werden, um die Hitze angemessen darstellen zu können. Bei solchen Temperaturen kann man übrigens problemlos Eier auf der Motorhaube braten – gerne hätte ich das einmal ausprobiert, aber ich hatte leider nicht die Eier dazu.

Selbst aus dem All betrachtet kann man erkennen, wie knusprig die Sonne Australien gebacken hat.

Hymnen

Australian Songs

Bis zum Jahr 1974 war die Sache eindeutig: *God Save the Queen* war die Nationalhymne, fertig. Doch in einem Land, das von Großbritannien immer unabhängiger wurde, empfand man das nicht mehr als zeitgemäß.

Nach einigen Querelen um die neue Hymne wurde drei Jahre später schließlich die Bevölkerung befragt: In einem Referendum entschieden sich die Aussies mehrheitlich für die neue Hymne mit dem Titel *Advance Australia Fair.* Sie fügt sich nahtlos ein in die Reihe anderer Nationalhymnen, klassisch und unauffällig.

Nur auf den zweiten Platz schaffte es *Waltzing Matilda,* das eigentlich wesentlich beliebtere und bekanntere Volkslied, das schon 1895 von Banjo Peterson verfasst wurde. Ohne Erklärung ist für Ausländer kaum zu verstehen, worum es in dem Lied geht: *Waltzing Matilda* steht für die Reise zu Fuß, mit Sack und Pack auf dem Rücken. Doch fröhlich ist die Geschichte nicht: Ein hungriger Wanderarbeiter stiehlt ein Schaf, um es zu essen, doch als die Polizei ihn erwischt, ertränkt er sich im nächstbesten See und spukt fortan als Geist vor sich hin. Merkwürdigerweise schätzen viele Australier die Melancholie dieser inoffiziellen Hymne dennoch und fühlen sich an die guten alten Zeiten erinnert – die beim näheren Hinschauen allerdings alles andere als gut waren.

Wer es moderner mag, wird bei vielen australischen Bands fündig, die ihrer Heimat eine musikalische Würdigung hinterlassen. Men at Work erschufen mit *Down Under* ein ironisches und zugleich äußerst erfolgreiches Porträt der australischen Eigenheiten. Ernsthafter, aber auch packender ist *Great Southern Land* von Icehouse. Der erfolgreichste Song aber ist gar kein Song, sondern der Sketch *Australiana* des Komödianten Austen Tayshus – für Enthusiasten des flachen Wortspiels *(»How much can a koala bear?«)* ein unverzichtbares Hörerlebnis.

Inbred overlords

God save the queen

Die ambivalente Beziehung zum fernen Heimatland muss irritieren. Einerseits ist man stolz auf die eigene Kultur und lästert über die Engländer, wo es nur geht. Aber so ganz losreißen kann man sich vom Königreich in der Ferne dann doch nicht.

Wenigstens für eine neue Nationalhymne hat es gereicht – ansonsten würden die Aussies auch heute noch darauf hoffen, dass Gott die Queen beschützen möge. Und obwohl Australien wirklich, wirklich weitgehend selbstständig agiert, scheiterte 1999 das Referendum, das Land zu einer von England vollständig unabhängigen Republik zu machen. Der Grund lag allerdings nur teilweise in der melancholischen Sehnsucht nach englischer Kontrolle, sondern in einem als unbefriedigend empfundenen Wahlrecht zur Ernennung des Präsidenten, das an die Abstimmung geknüpft war. Heißt es. Für einen Außenstehenden erinnert Australien an den frechen Jugendlichen, der es aber nicht schafft (oder schaffen will), aus dem Hotel Mama auszuziehen.

Das spiegelt sich auch in dem merkwürdigen Verhältnis zu England wider. Bei jeder Gelegenheit werden sie als Poms *(prisoners of her majesty)* verunglimpft – und das Wichtigste beim Sport ist, die Engländer zu schlagen. Aber wehe, ein Dritter lästert über Inselaffen ...

Sprich: Es ist ein langsamer, aber stetiger Prozess der Abnabelung. Die meisten Aussies würden die schlichte Frage, ob sie das Leben in einer Republik bevorzugen würden, sicher bejahen. Auch ist England schlicht zu weit weg – geografisch wie kulturell –, um das politische Tagesgeschehen ernsthaft zu beeinflussen. Allenfalls die Klatschpresse ist entzückt, wenn sich jemand vom Königshaus für einen Hygienebesuch nach *down under* bequemt – der breiten Masse ist der altmodische Pomp schlicht suspekt und unangenehm.

VICTOR

Jellyfish
Höllenquallen

Für zwei Quartale im Jahr ist das Schwimmen in den Meeren Nordaustraliens quasi unmöglich. Die Quallen, die sich in den Gewässern pudelwohl fühlen, zählen nämlich zu den tödlichsten Tieren der Welt – eine Berührung mit ihren Quaddeln reicht, um das irdische Dasein frühzeitig zu beenden.

Der König dieser giftigen Quallen ist der *box jellyfish,* der trotz seiner bescheidenen Größe nicht zu unterschätzen ist. Diese Quälgeister sind so giftig, dass man damit eigentlich Werbung machen müsste. Bei einer Verletzung durch Quallen hilft keine Quacksalberei (wie etwa der Quatsch, Urin könne die Symptome lindern), allenfalls Essig kann helfen, die Quote an Opfern etwas zu senken. Dennoch wird das Gift auch einen quicklebendigen und quietschfidelen Menschen schnell in ein quengelndes Häufchen Elend verwandeln – und all das durch ein quirliges Tier, das nicht mal ein Rückgrat sein eigen nennen kann!

Es ist zwar schwierig, Schmerzen quer durch die Bank zu quantifizieren, aber viele Experten (und Überlebende) sind sich einig, dass die Begegnung mit einer Qualle qualitativ zu den unangenehmsten Schmerzen führt, die man sich vorstellen kann. Man mag das als Quasselei abtun, aber ich habe mich einmal mit einer Taucherin unterhalten können, die einige Quadratzentimeter ihres Körpers nicht mit Schutzkleidung abgedeckt hatte – und prompt von einem Irukandji gestochen wurde. Glücklicherweise wurde sie alsbald gerettet, doch selber atmen konnte sie schon nach wenigen Minuten nicht mehr. Die Quintessenz sollte also lauten: Lieber kein Risiko; zur Not tut es auch ein Swimmingpool.

Aber: Man kann sich natürlich auch an Quallen rächen. Viele von ihnen werden am Strand angespült, und der Australier ergötzt sich daran, sie mit dem Auto zu überfahren, sodass sie mit einem befriedigenden »Plopp« zerplatzen.

Informationspunkt für Gestochene und solche, die es nicht werden wollen

66 Kälte

No country for cold men

Ein klassisches Szenario: Wer nach Australien fliegt, wird schon im Flugzeug den einen oder anderen Mitreisenden bewundern dürfen, der sich mit Flipflops und Shorts an Bord begibt. Und im Gepäck sieht's auch nicht besser aus – schließlich ist es in Australien immer warm. Oder?

Ha! Nichts könnte falscher sein. Zwar gibt es Regionen in Australien – gerade die nördliche Küste –, in denen es nie wirklich kalt wird. In Darwin etwa gelten 25 Grad als extreme Temperatur – nach unten. Doch im ganzen Rest des Landes muss man damit rechnen, öfter zu frösteln, als es einem die Reiseführer vorgaukeln.

Das liegt zum einem am Klima. In den südlichen Breiten spürt man, wenn der Winter kommt, und die Temperaturen sinken unter das Wohlfühlniveau (das zugegebenermaßen bei Aussies recht hoch liegt: Bei 15 Grad ziehen Sydneysider ihren Schal an und trinken heiße Schokolade). Und im Landesinneren, wo das Meer die Nächte nicht warmhalten kann, sinken die Temperaturen nachts deutlich ab. Frost ist im Outback alles andere als selten.

Zum anderen liegt es an der Bauweise der australischen Häuser. Ob aus Holz, Stein, Wellblech oder Pappmaché – sie alle haben keinerlei Isolierung. Ist es draußen kalt, ist es nur eine Frage von Stunden, bis man auch drinnen mit dem Atem Wölkchen machen kann. Morgens bringt die Sonne dann wieder rasch die heiß ersehnte Wärme, was allerdings zu der kuriosen Situation führt, dass es zwar nicht nachts, aber zumindest morgens kälter ist als draußen.

Auf die Idee, sein Haus besser zu dämmen – das würde schließlich auch die Hitze draußen lassen –, kommt dennoch niemand. Vielmehr setzt man gemeinhin auf völlig inadäquate Heizelemente. Populär sind die Klimaanlagen, die je nach Bedarf kühle oder warme Luft produzieren können, sowie große Heizöfen, die mit Gas gespeist werden. Mit einem solchen Gerät kann man schon mal ein paar Quadratmeter mollig beheizen – doch im Schlafzimmer setzt man eher auf Heizdecken, die die Matratzen vorwärmen und in frostigen Nächten warm halten. Jawoll, Australien – Heizdecken.

Völlig konfus war ein Versuch, die Wohnung zu heizen, den ich bei sehr naturverbundenen Menschen im Hinterland von Bris-

Frische Flocken in den Bergen von Victoria

bane erleben durfte. Ohne Anschluss ans Stromnetz waren sie auf einen Kerosinofen angewiesen. Der Nachteil: Das Gerät produzierte so viel giftige Abgase, dass man es nur bei offenem Fenster betreiben konnte. Und ausgerechnet die Naturfreunde trugen so gleich doppelt zur globalen Erwärmung bei.

67

Kasuare

Kriegen den Hals nicht voll

... und in welchem Land lebt wohl der gefährlichste Vogel der Welt?

Keine Sorge: Es gibt keinen Grund, beim Verlassen des Hauses Angst zu haben. Auch hält sich die Zahl der Opfer des besagten Vogels absolut in Grenzen. Doch eilt den Kasuaren ihr Ruf voraus: Sie zählen zu den für Menschen gefährlichsten Vögeln – und sind zugleich selbst sehr gefährdet.

Kasuare sehen aus wie Emus, die sich für den Mardi Gras schick gemacht haben. Derart aufgehübscht streifen sie durch den Regenwald Queenslands und erfüllen dabei eine äußerst wichtige Rolle, denn sie sind die einzigen Tiere, die große Früchte – und damit auch deren Samen – ganz schlucken und großflächig verteilen.

Doch ein immer kleiner werdender Lebensraum hat auch die Zahl der Kasuare stetig minimiert. Da kann es nicht verwundern, dass es gelegentlich zu Zusammenstößen mit menschlichen Eindringlingen kommt. Ich selbst habe nur einmal einen wilden Kasuar gesehen und kann von Glück sagen, dass die Tiere nicht aggressiv sind – denn alleine in der Außendusche war ich bloß mit einem Stück Seife bewaffnet und hätte den Kürzeren gezogen.

Warum aber gelten Kasuare als gefährlich? Sie sind ebenso groß und kräftig wie Emus, haben aber zudem eine rasiermesserscharfe Klinge an den Füßen, mit denen sie kraftvoll zutreten können. Daraus resultierende Verletzungen sind sehr schnell sehr ernst; wer sich mit einem Kasuar duellieren möchte, sollte also einen Eimer mitbringen, in dem er im Anschluss seine inneren Organe zum Arzt tragen kann. Besser ist es, einen respektvollen Abstand einzuhalten.

CAUTION

68 Koalas

Nur am Rumhängen

Eines der ikonischen Tiere Australiens ist der Koala. Nicht, dass er die von Touristen gehegten Ansprüche an Knuffigkeit nicht erfüllen könnte, aber Koalas sind anders, als man es erwartet.

Die meiste Zeit hängen Koalas regungslos im Baum. Halten sie sich, wie meist, in luftigen Höhen auf, so sind sie kaum von Ameisennestern zu unterscheiden. Da ein Großteil ihres Energiebedarfs für die Verdauung des eigentlich ungenießbaren Eukalyptus verbraucht wird, bleibt wenig Kraft für andere Dinge. Geschätzte 96 % ihres Tages verbringen Koalas folglich mit Schlafen oder Ruhen; in den restlichen 4 % der Zeit wird gegessen, sauber gemacht, die Post reingeholt etc.

Wer also aktive Koalas sehen möchte, muss sie zur rechten Zeit erwischen – oder ein Jungtier finden, das mit perfekt aufbereiteter Milch weniger Energie für die Verdauung braucht und daher mehr Schabernack treiben kann. Als tapsige und generell gutmütige Tiere sind sie beliebte Fotomotive – für einen kleinen Aufpreis im Zoo darf man ihnen auch die Ohren kraulen oder sich von ihnen umarmen lassen. Das funktioniert freilich nur bei gutem Wetter: Nasse Koalas sehen furchteinflößend aus.

Doch eines darf man nicht erwarten: dass Koalas viel Kraft zum Nachdenken aufwenden. Sie sind nicht gerade das, was Zoologen im Fachjargon als »krasse Checker« bezeichnen würden. Man vermutet, dass Koalas die einzige Spezies sind, bei der das Hirn den Schädel nicht vollständig ausfüllt (und stattdessen in einer dickflüssigen Mischung aus Karamell und Liebenswürdigkeit herumschwappt). Die treudoofen Blicke der Tiere können diesen Umstand nicht verheimlichen, und auch im Koala-Alltag stellen sie sich entsprechend tollpatschig an. Doch das tut ihrem Charme keinen Abbruch.

Duftet übrigens wie eine kleine Bonbonfabrik: der Koala.

69 Koch-»Kunst«

Beim Essen muss man hart mit sich ins Gericht gehen

Verhungern muss man in Australien nicht. Aber ob man des Essens wegen hierher reisen sollte, bleibt fraglich. Eine kulinarische Kritik.

Ich vermute: Die britischen Wurzeln haben nicht geholfen. Andererseits hatte Australien über 200 Jahre lang Zeit, eine eigene *cuisine* zu entwickeln, doch die steckt noch immer in den Kinderschuhen. Die moderne Küche, die Rezepte aus der internationalen Küche mit lokalen Nahrungsmitteln zu vereinen sucht, erfreut sich zwar steigender Beliebtheit, doch hat Australien bis heute kein Nationalgericht. Auch wenn von »Klassikern« die Rede ist, ist zumeist die englische Küche gemeint.

Bei vielen Familien, bei denen ich gewohnt habe, wurde gerne und viel gegessen, doch wurde für jede Mahlzeit nur geringer Aufwand betrieben. Zu lange in der Küche stehen möchte niemand – lieber macht man Abstriche beim Geschmack.

Die größte Verirrung ist aber die panische Angst vor dem Salz. Leider konnte ich auch trotz einiger peinlicher Befragungen vor Ort die Quelle dieser Sorge nicht ausfindig machen, aber anders als etwa mediterrane Nationen verzichten viele Australier darauf, ihr Essen vernünftig zu salzen. Dass es daher äußerst fade schmeckt, bemerken sie durchaus, aber im Regelfall verweisen sie nur darauf, dass Salz schlecht sei. Ich hatte sogar das Vergnügen mit einer Gastgeberin, die sich selbst als hervorragende Köchin titulierte, aber zur Vorsicht nicht nur auf Salz, sondern gleich auf alle Gewürze verzichtete.

Zur Rettung steht aber immer ein Salzstreuer bereit. Und der scharfe Blick zeigt, dass die Ablehnung von Salz nur oberflächlich ist. Dass man das Essen in (salzhaltiger) *tomato sauce* ertränkt oder pfundweise gesalzene Butter verspeist, ist merkwürdigerweise in Ordnung. Auf ein Pizza-Taxi zur Rettung sollte man aber nicht vertrauen.

Klassische Rezepte, mit denen man nicht viel falsch machen kann – Beans & Toast sowie Fish & Chips

70 Komische Vögel I

Die im Norden

In Australien passieren gerne merkwürdige Dinge. Die wenigen Schlagzeilen, die es bis nach Europa schaffen, enden (nicht ganz zu Unrecht) zumeist im »Panorama«-Teil der Zeitung.

Doch auch innerhalb Australiens sorgen kuriose Meldungen für Stirnrunzeln. Gerade in den Großstädten. Dort wird man auch immer wieder daran erinnert, dass komische Dinge mit bemerkenswerter Vorliebe im Norden des Landes passieren. Das passe auch sehr gut, denn die Leute da oben seien schlicht ein wenig ... merkwürdig.

Gerade in den Northern Territories, wo wenig Menschen wohnen, haben die Schlagzeilen oftmals eine surreale Qualität. Da wird schon einmal berichtet, wie sich ein Haifisch in die Warteschlange für eine Fähre einreiht. Oder wie ein Riesenkrokodil mit dem Helikopter in die Innenstadt eingeflogen wird. Oder dass erneut UFOs an einem berüchtigten *hot spot* gesichtet wurden. Oder dass ein Frosch vom Blitz getroffen wurde. Oder dass ein Krokodil sich in einen Sandkasten verirrt hat. Oder dass ein Trauzeuge von einem fliegenden Dildo verletzt wurde.

Wie man es dreht und wendet: Solche Themen verdienen das Attribut »kurios« und bestätigen freilich alle Vorurteile der Großstädter. Gerne erzählt man sich daher Anekdoten über kauzige, eigenwillige oder schräge Charaktere, die sich dem harten Dasein in den Tropen auf ihre eigene Weise stellen: mit einer Mischung aus Humor, Gleichgültigkeit und einer soliden Grundentspanntheit.

Krokodile, ob klein oder groß, sind immer für eine Anekdote gut und entsprechend oft in den Schlagzeilen zu finden.

Komische Vögel II
Die im Süden

Doch nicht nur über die komischen Leute irgendwo im Norden macht man sich lustig. Auch die da unten, weiter südlich, sind ein Volk für sich.

Man könnte nun vermuten, dass sich das »normale« Leben nur in einem recht schmalen Streifen Australiens abspielt, der ungefähr alle wichtigen Großstädte abdeckt. Doch ein echter Lokalpatriot – etwa aus Sydney – wird auch konsequent über Westaustralien lästern. Vielmehr ist mit den komischen Leuten »dort unten« Tasmanien gemeint.

Tasmanien ist für Australien ein wenig so wie Australien für den Rest der Welt. Weit weg und sehr fremd. In der Tat ist Tasmanien noch einmal völlig anders als der Rest Australiens: die Natur noch eine Spur wilder, beeindruckender, das Wetter dafür wesentlich schlechter. Und abgesehen von einer soliden Basis, um zahlreiche Touristen anzulocken, tut sich Tasmanien oftmals schwer: Ob wirtschaftlich oder künstlerisch, der australische Standard bleibt oft unerreicht.

Das ist sicherlich nicht nur die Schuld der Tasmanier, wird aber den Rest Australiens nicht davon abhalten, die Inselbewohner immer wieder verbal mit einem Stock zu pieksen. Gerne sagt man den Tasmaniern nach, sie seien rückständig und konservativ. Und dazu ein wenig kauzig. Wo es dann wieder Gemeinsamkeiten mit denen im Norden gäbe.

Aber zum Trost kann man festhalten: Sowohl der Norden als auch der Süden sind ganz groß darin, über die Städter abzulästern.

72 Kookaburra
[Hier dreckiges Lachen einfügen]

Wenigstens einer, der sich amüsiert: Kookaburras zählen zu den unterhaltsamsten Vögeln, die man *down under* beobachten kann. Und zu den frechsten.

Wie sich ein Kookaburra anhört, werden die meisten Menschen wissen, ohne es zu wissen. Der Lachende Hans, wie er auf Deutsch heißt, klingt nämlich wie eine Horde Affen, die sich im Baum ganz königlich amüsiert. Gerne wird daher das dreckige Lachen des Kookaburras in Film und Fernsehen verwendet, wenn schnell klar werden soll, dass die Handlung gerade im tiefsten Dschungel angekommen ist.

Doch Kookaburras finden sich im Osten Australiens auch außerhalb der dichten Wälder. Es sind recht pummelige, aber dennoch sehr elegante Vögel der Gattung *kingfisher* (Eisvögel). Üblicherweise suchen sie sich einen guten Aussichtspunkt, von dem aus sie mit einer für Vögel untypischen Ruhe die Umgebung sondieren. Haben sie einen Leckerbissen ausgemacht, stürzen sie sich herab wie ein Eisvogel ins Wasser – nur um sich kurz vor dem Boden abzufangen. Das Ganze geschieht so schnell und lautlos, dass man auch als Mensch Opfer des Appetits eines Kookaburras werden kann. Ich selbst beobachtete, wie ein Exemplar einem nichts ahnenden Touristen das letzte Stück seines Cheeseburgers aus den Fingern klaute.

Kookaburras sind aber nicht nur gern gesehen, weil sie für Unterhaltung sorgen. Auf ihrem Speiseplan stehen auch Schlangen, was ihnen zusätzliche Sympathiepunkte einbringt.

Kookaburras sind übrigens nicht die einzigen Tiere, die kichern. Auch die Geckos, die mit der Abenddämmerung ihre Berufstätigkeit aufnehmen, lachen gerne vor sich hin. Harmlos, aber verstörend, wenn man sich etwa für die Nacht auszieht und aus einer Ecke des Hauses ausgelacht wird.

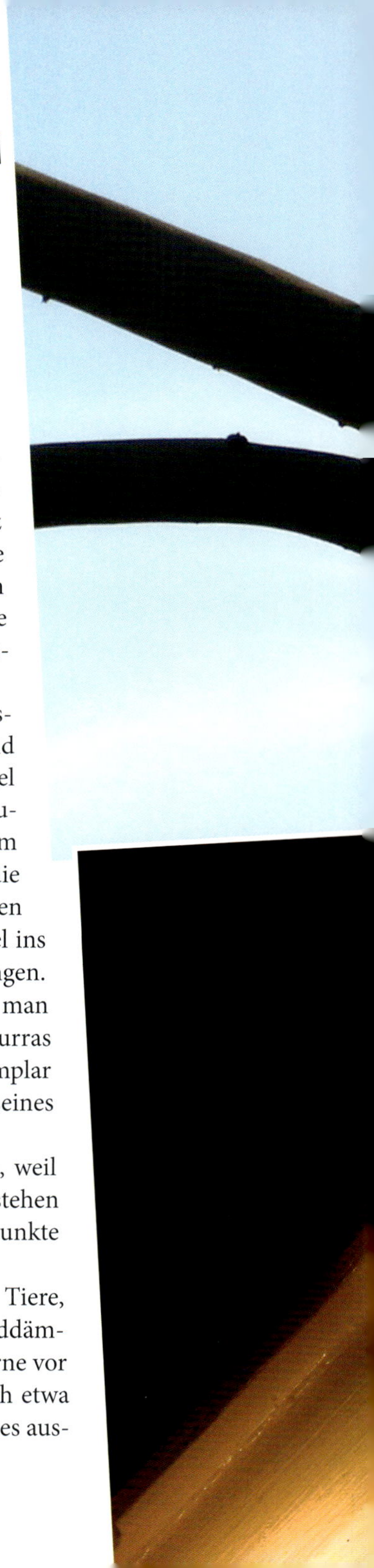

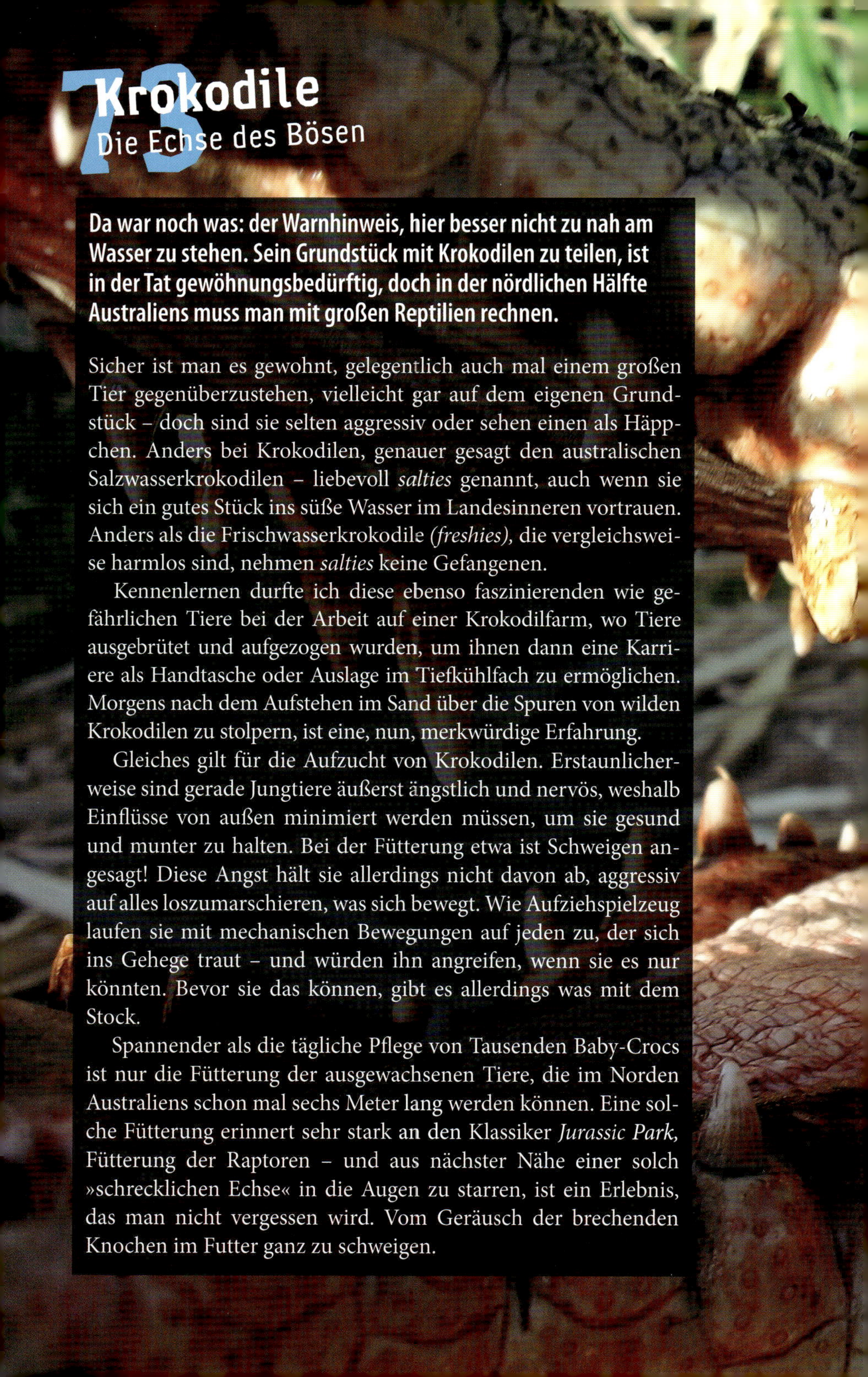

73 Krokodile

Die Echse des Bösen

Da war noch was: der Warnhinweis, hier besser nicht zu nah am Wasser zu stehen. Sein Grundstück mit Krokodilen zu teilen, ist in der Tat gewöhnungsbedürftig, doch in der nördlichen Hälfte Australiens muss man mit großen Reptilien rechnen.

Sicher ist man es gewohnt, gelegentlich auch mal einem großen Tier gegenüberzustehen, vielleicht gar auf dem eigenen Grundstück – doch sind sie selten aggressiv oder sehen einen als Häppchen. Anders bei Krokodilen, genauer gesagt den australischen Salzwasserkrokodilen – liebevoll *salties* genannt, auch wenn sie sich ein gutes Stück ins süße Wasser im Landesinneren vortrauen. Anders als die Frischwasserkrokodile *(freshies)*, die vergleichsweise harmlos sind, nehmen *salties* keine Gefangenen.

Kennenlernen durfte ich diese ebenso faszinierenden wie gefährlichen Tiere bei der Arbeit auf einer Krokodilfarm, wo Tiere ausgebrütet und aufgezogen wurden, um ihnen dann eine Karriere als Handtasche oder Auslage im Tiefkühlfach zu ermöglichen. Morgens nach dem Aufstehen im Sand über die Spuren von wilden Krokodilen zu stolpern, ist eine, nun, merkwürdige Erfahrung.

Gleiches gilt für die Aufzucht von Krokodilen. Erstaunlicherweise sind gerade Jungtiere äußerst ängstlich und nervös, weshalb Einflüsse von außen minimiert werden müssen, um sie gesund und munter zu halten. Bei der Fütterung etwa ist Schweigen angesagt! Diese Angst hält sie allerdings nicht davon ab, aggressiv auf alles loszumarschieren, was sich bewegt. Wie Aufziehspielzeug laufen sie mit mechanischen Bewegungen auf jeden zu, der sich ins Gehege traut – und würden ihn angreifen, wenn sie es nur könnten. Bevor sie das können, gibt es allerdings was mit dem Stock.

Spannender als die tägliche Pflege von Tausenden Baby-Crocs ist nur die Fütterung der ausgewachsenen Tiere, die im Norden Australiens schon mal sechs Meter lang werden können. Eine solche Fütterung erinnert sehr stark an den Klassiker *Jurassic Park,* Fütterung der Raptoren – und aus nächster Nähe einer solch »schrecklichen Echse« in die Augen zu starren, ist ein Erlebnis, das man nicht vergessen wird. Vom Geräusch der brechenden Knochen im Futter ganz zu schweigen.

So nah an einem Krokodil ist zu nah.

74 Macquarie
Kennen Sie diesen Mann?

Über die Omnipräsenz des Herrn Macquarie

Lachlan Macquarie war einer der ersten Gouverneure der noch jungen Kolonie in New South Wales und konnte in seiner elfjährigen Karriere bleibende Eindrücke hinterlassen. Vielleicht, weil er sich zu einem genialen Politiker entwickelte, vielleicht aber auch nur, weil er in seinem Amt auf den berühmt-berüchtigten Captain Bligh folgte.

Jedenfalls ist es auch heute noch unmöglich, dem Namen Macquarie zu entgehen. Gerade in Sydney scheint alles, was nicht bei drei auf den Bäumen ist, pauschal nach Macquarie benannt zu werden. Innerhalb der Macquarie University befinden sich nicht nur die Macquarie School of Management und der Macquarie Research Park, sondern auch das Macquarie Hospital. Wer dem Universitätstrubel entfliehen möchte, tut dies am besten im nahe gelegenen Macquarie Park. Wer lieber noch ein paar Einkäufe tätigen will, nutzt am besten das Macquarie Centre nebenan. Sportliche Betätigung bietet sich in den Macquarie Fields an (leicht zu finden – direkt neben den Macquarie Links). Wer lieber faul surft oder telefoniert, kann dazu die Dienste der Macquarie Telecom in Anspruch nehmen, die allerdings nicht zu verwechseln ist mit der Macquarie Group, die bevorzugt Finanzdienstleistungen anbietet, wie zum Beispiel mit der Macquarie Bank, deren Hauptverwaltung sich im Zentrum von Sydney befindet. Diese ist wiederum nur wenige Straßenzüge entfernt von der Macquarie Street, die in ihrer Verlängerung beim Mrs Macquarie's Chair, dem wohlbekannten Aussichtspunkt am Ende des Botanischen Gartens, mündet. Von weiteren Schulen, Kirchen, Plätzen, Straßen, Hotels und Geschäften ganz zu schweigen.

Der Treppenwitz dazu: Keiner weiß, wie man Macquarie richtig ausspricht. Manche bestehen auf einer schottischen Aussprache, andere auf einer englischen oder einer australischen Betonung. Nicht einmal die Einwohner von Port Macquarie scheinen sich einig zu sein. Dabei wäre alles so einfach; man könnte schließlich in einem Wörterbuch des *Australian English* nachschlagen. So ein Buch existiert übrigens; es schimpft sich *Macquarie Dictionary.*

Macquarie hat Sydney nachhaltig geprägt – erstaunlicherweise hat man aber vergessen, einen Strand nach ihm zu benennen.

75

Mahlzeit

Dinner, tea and supper

Und plötzlich hat man sich zum Essen eingeladen. Eine kurze Abhandlung über die Mahlzeiten und ihre verwirrenden Bezeichnungen.

In der Schule war die Welt noch in Ordnung: Man hat gelernt, dass es im Englischen *breakfast, lunch* und *dinner* gibt. Mit der Kenntnis dieser drei Mahlzeiten schreitet man satt und glücklich durchs Leben – bis man nach Australien kommt. Je nachdem, in welcher Ecke des Landes man mit wem spricht, kann die Bezeichnung der Mahlzeit schon einmal für Verwirrung sorgen.

Das *breakfast* stellt noch kein Problem dar. Doch spätestens gegen Mittag wird es konfus, wenn Australier das Mittagessen als *dinner* bezeichnen. Es sind üblicherweise genau diejenigen Australier, die zum Abendessen ein *supper* genießen. Das ist aber nicht zu verwechseln mit dem, was wieder andere Australier unter *supper* verstehen – einen wirklich kleinen Snack, à la Kekse mit Milch, kurz vorm Schlafengehen (oder auch mit einer Tasse *tea*). Diese Australier wiederum werden ihr Mittagessen *lunch* oder *dinner* nennen, ihr Abendessen aber *tea.* Wichtig ist, dass man *tea* nicht mit *teatime* verwechselt, denn bei Letzterer gibt es – wie man vielleicht auch erwarten würde – nur Heißgetränke mit Gebäck. Umso größer das Erstaunen, wenn man spätnachmittags zum *tea* eingeladen wird – und eine volle Mahlzeit präsentiert bekommt, ohne dass man ein angemessenes Mitbringsel vorweisen kann. Etwas verkompliziert wird das Ganze noch durch die Zeiten. Ein *tea* um sechs kann sowohl *tea* als auch *teatime* sein – je nachdem, ob der Gastgeber seinen Tagesrhythmus eher nach den Öffnungszeiten oder dem Tageslicht richtet.

Ein Happen zwischendurch geht natürlich auch immer.

76 Malls

Around a mall in 80 days

Einkaufszentren nach amerikanischem Vorbild haben Australien im Sturm erobert. Der Vorteil einer Mall liegt auf der Hand: alles, was man jemals brauchen könnte, unter einem Dach. Der Nachteil: alles, was man jemals brauchen könnte, unter einem Dach.

Praktisch sind sie, keine Frage. Auch als Familie kann man in eine Mall fahren, getrennt oder gemeinsam all seine Konsumbedürfnisse befriedigen und dabei wird man nicht mal nass. Klimatisiert ist es auch noch. Und an jeder Ecke gibt es Eis oder Süßigkeiten. Dass die pragmatischen Australier auf die Einkaufszentren stehen, ist wenig überraschend. In vielen Orten sind sie auch der zentrale Treffpunkt für Jugendliche – wer sich über Pubertierende erheitern will, ist hier goldrichtig.

Doch bringen die Malls auch Nachteile mit sich. Hat man eine Mall besucht, kennt man sie alle. Die Auswahl an Geschäften, Produkten, Marken ist in jedem Einkaufszentrum des Landes vollkommen identisch. Teilweise sind sogar die Unterschiede zu europäischen Einkaufsmeilen marginal. Wer hofft, in einer Mall ein wirklich außergewöhnliches Geschäft zu finden, wird enttäuscht. Außerdem: Die Nähe von Jugendlichen zu Süßigkeiten und Fast Food ist für das Geschäft vorteilhaft, für den Hüftumfang aber nicht. Einige wären wohl auf einem Sportplatz besser aufgehoben ...

Als Trost gibt es aber immer noch den *food court*.

Sydneys Queen Victoria Building zählt zu den hübschesten Malls in ganz Australien.

77 Maria Island

Geheimnisvolles Eiland

Wem die Wildnis auf dem australischen Festland nicht genügt, der ist in Tasmanien bestens aufgehoben. Wem die Wildnis auf Tasmanien nicht genügt, der ist auf den Inseln vor der Küste Tasmaniens bestens aufgehoben. Unter ihnen: Maria Island, ehemalige Sträflingskolonie.

Maria Island ist ein bemerkenswerter Ort. Vor der tasmanischen Ostküste gelegen, quillt die Insel nur so über von *wildlife;* selbst am helllichten Tag begegnet man Unmengen von eigentlich nachtaktiven Kängurus, Wallabys, Wombats. Dazu eine Kulisse aus Bergen, Meer und Stränden mit glasklarem Wasser.

Doch Maria Island bietet mehr als das. Die Insel ist durchzogen von Ruinen einer ehemaligen Sträflingskolonie. Sie zerfallen stilvoll und werden langsam, aber sicher von der Natur zurückerobert. Beim Spaziergang durch Wald und Wiesen stößt man daher immer wieder auf Überreste der Inselgeschichte, die einen Eindruck davon vermitteln, wie trostlos das Sträflingsdasein gewesen sein muss. Gerade über die Gefängnisse in Tasmanien kursieren traurige und erschreckende Geschichten, die erklären könnten, warum es heutzutage noch auf Maria Island spukt.

Auf Nachfrage, wie, wo und wann es denn so spuke, erklärte mir ein Tourguide knapp: »*You know, ghost stuff.*« Diese Information nistete sich im Hinterkopf ein, als ich als Einziger auf dem einsamen Zeltplatz in meinen Schlafsack kroch. In der Ferne knatschten die Pinguine laut vor sich hin, doch mit der Dämmerung wurde es still – und jemand begann, meinen Hintern durch den Schlafsack hindurch zu streicheln. Glücklicherweise handelte es sich nur um ein neugieriges Possum. Wer den wirklichen Spuk erleben möchte, hat bessere Chancen, wenn er sich in den ehemaligen Zellen zur Nachtruhe bettet ...

Die gesamte Ostküste Tasmaniens wurde ca. 1700 n. Chr. aus einem Bilderbuch geklaut.

78 Mateship

Echte-Männer-Freundschaften

Die australische Gesellschaft ist äußerst egalitär – da passt es nur, dass man jedem den gleichen Titel verleiht. *Down under* ist es völlig normal, alles und jeden mit *mate,* also als Kumpel, anzusprechen.

Diese Eigenart erweist sich nach einer Weile als sehr angenehm. Es ist völlig egal, ob man einem Ranghöheren, einem Uniformierten oder einem Splitternackten gegenübersteht – mit der Anrede *mate* zeigt man, dass erst einmal alle das gleiche Grundmaß an Respekt verdienen. Allerdings dauert es auch ein wenig, bis einem das *mate* so natürlich über die Lippen geht wie der einheimischen Bevölkerung – bis dahin muss man damit rechnen, ziemlich uncool zu klingen.

Auf den zweiten Blick jedoch ist die Lage wesentlich komplizierter. Man sollte nämlich keinesfalls *a mate* verwechseln mit *my mate.* Die Ansprache *mate* kann alles bedeuten – der Ton macht die Musik und entscheidet, ob es ein dankbares »Kumpel« oder ein drohendes »Freundchen!« ist. Von wertschätzend über spöttisch bis aggressiv – *mate* ist die universelle Anrede, die manch einer sogar für Frauen nutzt, ohne mit der Wimper zu zucken.

Anders ist die Lage, wenn der Aussie von *my mate* spricht – der wohl höchsten Auszeichnung, die man erhalten kann. *Mates* sind die besten Freunde, die Kumpel, mit denen man durch dick und dünn geht – *friends* dagegen sind eher lockere Bekanntschaften.

Weiter verkompliziert wird das Ganze noch dadurch, dass gerade jüngere Männer, die der einen oder anderen Obszönität nicht abgeneigt sind, ihre Freunde regelmäßig beleidigen – allerdings als Zeichen der Wertschätzung (auch bekannt als *casual cunting*). So kann es beispielsweise vorkommen, dass jemand seinen *mate* als *cunt* bezeichnet, während er die wahren *cunts* als *mates* adressiert. Alles nicht so einfach.

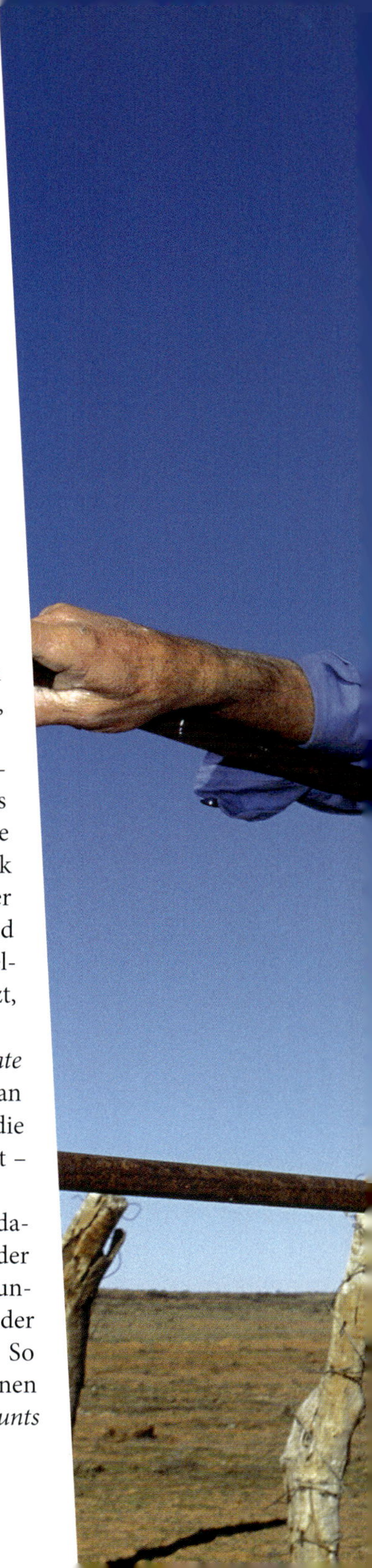

R.M. Williams

79 Medizin

Von Hausapotheken und Wunderheilmitteln

Ein Blick ins Medizinkabinett verrät: Teebaumöl ist das Medikament der Wahl. Das Öl genießt den Ruf eines absolut effektiven Allheilmittels. Gewonnen wird es aus Essenzen des *Melaleuca alternifolia,* der nur in Australien wächst und dessen Wirkung schon von den *aboriginals* geschätzt wurde.

Nach einem langen Arbeitstag im Outback sah ich mich zum ersten Mal im Leben mit einer Zecke konfrontiert, die mir frech am Bauch klebte. Ich fragte meine Gastgeberin, eine Farmerin und Ziehmutter für Kängurus, wie man am besten mit einem Zeckenbiss umgeht. Die Antwort: rausziehen, verbrennen. »Und dann ein wenig Teebaumöl drauf!«

Und genau so funktioniert Teebaumöl. Erst mal ein wenig drauf tun, wird schon helfen. Dank seiner antiseptischen, antibakteriellen, antifugalen und antiviralen Wirkung ist das *tea tree oil* ein echtes Allheilmittel. Es hilft nicht nur zur Desinfektion – man sagt ihm Wirksamkeit sowohl bei Hautkrankheiten als auch bei Erkältungen nach. Zahlreiche andere Anwendungsmöglichkeiten werden noch erforscht; unter anderem besteht die Hoffnung, dass das Öl helfen könnte, antibiotikaresistente MRSA-Erreger in Schach zu halten. Schöner Nebeneffekt: Das Öl duftet hervorragend; als Dampfbad verabreicht hilft es, alles aus den Nebenhöhlen zu entfernen, was keine Miete bezahlt.

Doch gegen eine Volkskrankheit ist noch kein Kraut gewachsen: Der gemeine Kater lässt sich auch nicht durch *tea tree oil* hemmen. Daher findet sich im Medizinschränkchen oftmals auch eine Rolle Berocca – eine Vitamintablette, der eine magische Wirkung im Kampf gegen den dicken Kopf nachgesagt wird. Der Australier schiebt diesen Effekt vor allem auf die hoch dosierten B-Vitamine, die auch im geliebten Vegemite vorkommen. *»It's good for you!«*

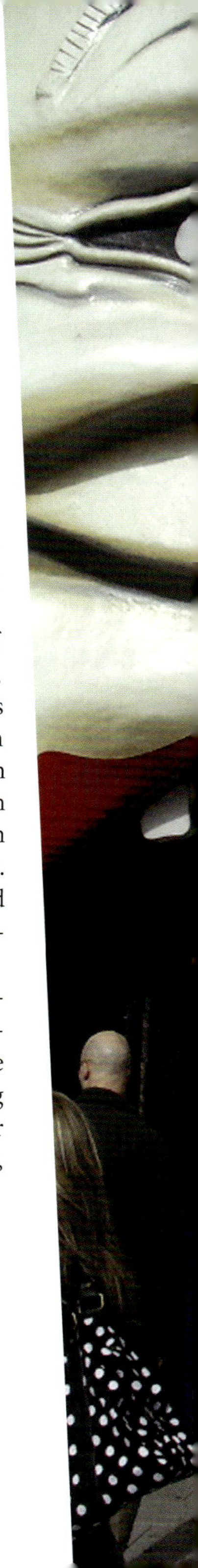

Lachen ist immer noch die beste Medizin.

80

Melbourne

Heimat der Schöngeister und Freidenker

Melbourne: südlichste Metropole der Welt und ewiger Gegenspieler von Sydney. Heute sind beide Städte nahezu gleich groß – doch pflegen sie ein ganz unterschiedliches Image.

Sydney ist nach wie vor die bedeutendste Stadt Australiens. Auch wenn dies allen bewusst ist, blickt man gerne abschätzend auf die größte Stadt des Landes. Die Einwohner seien zu unfreundlich, die Stadt zu amerikanisch – über Sydney und seine Sydneysider zu lästern, gehört mitunter zum guten Ton.

Anders in Melbourne. Die Stadt wirkt, trotz beeindruckender Skyline, wesentlich europäischer. Entsprechend betont man die Kulturszene der Stadt, die in der südlichen Hemisphäre wohl unerreicht bleibt. Zwar spielt Melbourne noch die zweite Geige in Australien, doch die meisten Aussies, mit denen ich gesprochen habe, waren sich sicher, dass die Stadt in naher Zukunft die bedeutendste Metropole des Landes werden wird – wie es historisch schon einmal der Fall war.

Für den Besucher bietet Melbourne eine Handvoll wirklich charmanter Sehenswürdigkeiten, allen voran eine gelungene Mischung aus historischen, aber gepflegten Gebäuden und einer hochmodernen Skyline aus Glas und Stahl. Noch mehr hat Melbourne für seine Bewohner in petto: Wenn es um die Frage geht, welche Stadt auf dieser Welt die beste ist, landet Melbourne regelmäßig in den Top 10, wenn nicht gar auf dem Treppchen oder der Spitzenposition. Zwar müssen sich die anderen Großstädte nicht verstecken – die Listen der lebenswertesten Orte werden zumeist von kanadischen und australischen Städten dominiert –, doch ist zumindest klar, wo auf dem fünften Kontinent das Leben am süßesten ist.

In Melbourne trifft Alt auf Neu – und wem der städtische Trubel zu viel wird, kann schnell in die ländliche Idylle fliehen.

81

Melbourne Cup

The race that stops a nation

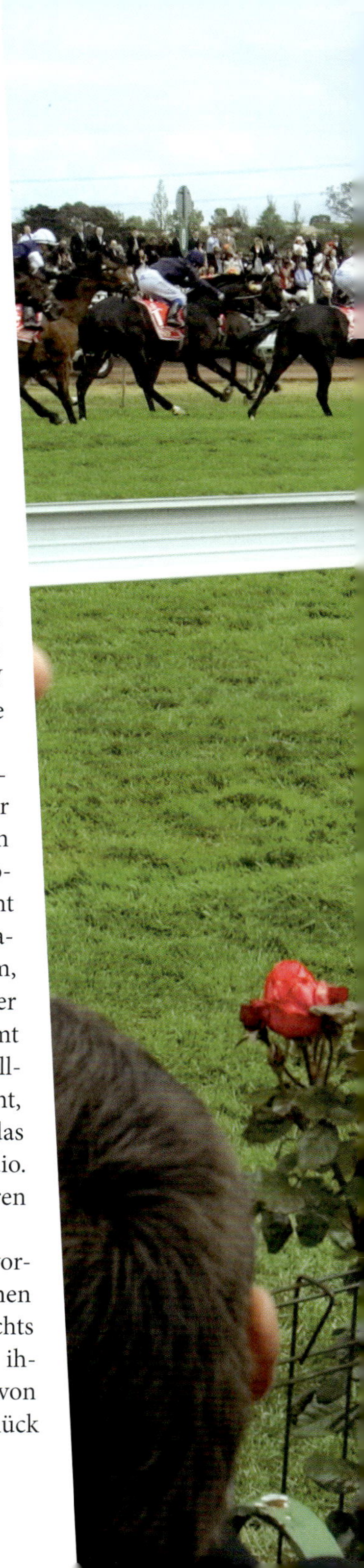

Was gibt es Besseres als ein gepflegtes Pferderennen? Auf Anhieb fallen einem mehrere Tausend Dinge ein – und doch ist es ausgerechnet ein Pferderennen, das die Nation alljährlich zum Stillstand kommen lässt. Der Melbourne Cup ist ein Event wie kein anderes.

Allerdings eignet sich solch ein Pferderennen auch hervorragend, um das Ersparte zu verzocken. Ich erlebte das Rennen fern von Melbourne in Western Australia, und mein Gastgeber, der gerade seine beiden Jobs verloren hatte, konnte der Versuchung nicht widerstehen. Seine Wette blieb allerdings erfolglos, und sein lapidares Fazit lautete: »*Shit. I shouldn't have done that.*« Gefolgt von der Frage, wie man's der Frau beibringt.

In dem Fall ist ihm sicher Verständnis entgegengebracht worden, denn beim Melbourne Cup – genauer gesagt dem siebten Rennen – ist es für den gemeinen Australier selbstverständlich, ja geradezu eine patriotische Pflicht, etwas zu wetten, auch wenn man nicht einmal weiß, wie ein Pferd überhaupt aussieht. Natürlich geht es bei einem solchen Event auch darum, zu sehen und gesehen zu werden, doch viel wichtiger ist die Spannung. Für einige wenige Minuten kommt in der Tat die ganze Nation jeden November zum Stillstand: Wer nicht ohnehin an diesem Tag freibekommt, verbringt zumindest die rund drei Minuten, die das Rennen andauert, vor dem Fernseher oder dem Radio. Autos halten an, Geschäfte schließen, Flugzeuge hören auf zu fliegen – eine Nation hält den Atem an.

Und: Genauso schnell ist der Spuk auch wieder vorbei. Der siegreiche Jockey wird mit mehreren Millionen Dollar belohnt – die allerdings verblassen angesichts der Gelder, die durch Wetten in wenigen Minuten ihren Besitzer wechseln. Geschätzt werden Summen von rund 100 Millionen Dollar – scheinbar liegt das Glück der Welt in der Tat auf dem Rücken der Pferde ...

Melbourne ist Heimat des wichtigsten Pferderennens. Für den Small Talk rund um dieses große Event bietet es sich an, darauf hinzuweisen, dass das legendäre Rennpferd Phar Lap eigentlich neuseeländisch war.

82 Mitbewohner

Kängurus II (Auf dem Sofa)

Nicht nur als Wild- und Nutztiere haben Kängurus den Kontinent erobert: Auch als Haustiere erfreuen sie sich größter Beliebtheit.

Kängurus sind dabei keine Haustiere im eigentlichen Sinne, die man im Geschäft einkauft und mit denen man Stöckchenfangen spielen kann. Vielmehr sorgen *wildlife carer* nach einer speziellen Ausbildung für verletzte und verwaiste Tiere.

Diese Ausbildung ist auch für das ganz normale Fußvolk erschwinglich, sodass sich regelrechte Kommunen entwickelt haben, die sich um die Tiere kümmern. Das ist auch nötig, denn gerade verwaiste Kleintiere sind ausgesprochen pflegeaufwendig. Alle paar Stunden – auch nachts – müssen sie gefüttert und vor den Gefahren der großen weiten Welt beschützt werden. Auch das ist alles andere als einfach, denn Kängurus sind empfindliche Tiere. Morgens hüpfen sie noch fröhlich durchs Gras, abends sehen sie ihm schon von unten beim Wachsen zu – kein Einzelfall.

Das Zusammenleben mit Kängurus ist entzückend. Offiziell heißt es, man solle den Tieren keine Zuneigung entgegenbringen, um sie nicht zu vermenschlichen. »*Bullshit*«, lautete der einhellige Kommentar aller *wildlife carer,* mit denen ich gesprochen habe. Viele der Jungtiere sind ohnehin sehr zutraulich. Mögen sie einen Menschen, werden sie versuchen, ihn mit großer Ernsthaftigkeit zu putzen oder sich mit ihm durch Klicklaute zu unterhalten.

Roos sind keine lauten oder aufdringlichen Tiere, und wenn man doch mal seine Ruhe braucht, kann man sie in einen Beutel packen, in dem sie sich für die nächsten Stunden pudelwohl fühlen. Bonus einer kleinen Armee aus Kängurus im Hinterhof: Man braucht keinen Rasenmäher mehr (und auch keinen Dünger).

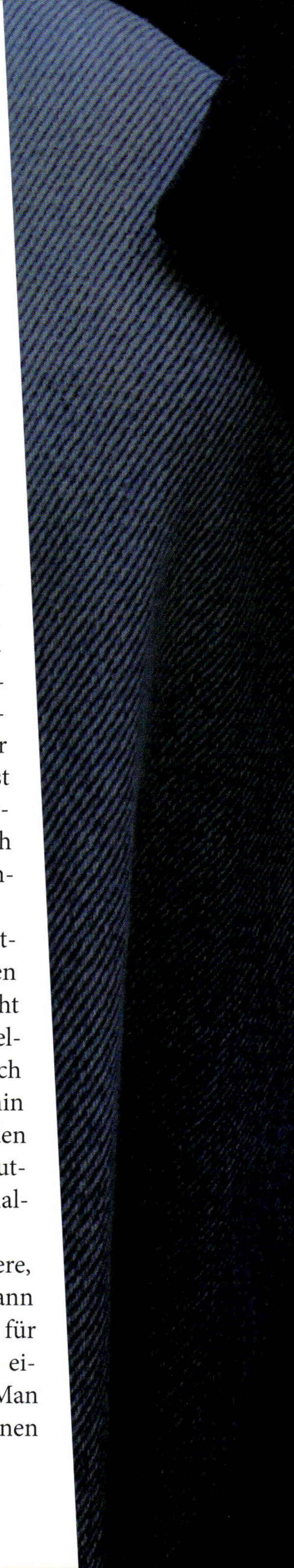

83

Mode

Geschmack ist Geschmackssache

Nicht, dass ich der australischen Nation pauschal jeglichen Modegeschmack absprechen will, aber oftmals überwiegt der Pragmatismus bei der Kleiderwahl. Und das bemerkt man selbst als modisch uninteressierter Reisender!

In gewisser Weise ist diese Zweckmäßigkeit nachvollziehbar. Oft ist es ohnehin zu heiß, viel Kleidung ist also nicht nötig. Die Sonne bleicht die Farben schneller aus, als man gucken kann, und der Schweiß tut ein Übriges. Sollte die Wäsche einmal dreckig werden, so hilft auch die australische Standardwaschmaschine wenig. Bei dem betagten Modell handelt es sich um einen weitestgehend nutzlosen Toploader, der die Wäsche für gut zwanzig Minuten zärtlich durchs Wasser zieht. Durch kaltes Wasser, wohlgemerkt, ein Heizelement ist nicht vorgesehen.

Folglich: Investitionen in schicke Mode lohnen sich nur sehr begrenzt. Das kann aber nicht darüber hinwegtäuschen, dass sehr viele Individuen einen sehr fragwürdigen Geschmack an den Tag legen. Die Farbkombinationen laden zum Gruseln ein, so manches knappe Outfit lässt zudem nicht mehr viel der Fantasie übrig. Selbst die Kinder steckt man in alberne Schuluniformen!

Ähnlich ist es bei Schuhen. Wer keine geschlossenen Schuhe braucht – etwa zum Schutz bei landwirtschaftlicher Arbeit –, bevorzugt Schlappen, etwa Flipflops (*thongs* genannt) oder die unsäglichen *crocs,* die beide in allen Regenbogenfarben erhältlich sind. Wer sich selbst in den Jesuslatschen zu eingeengt fühlt, geht barfuß.

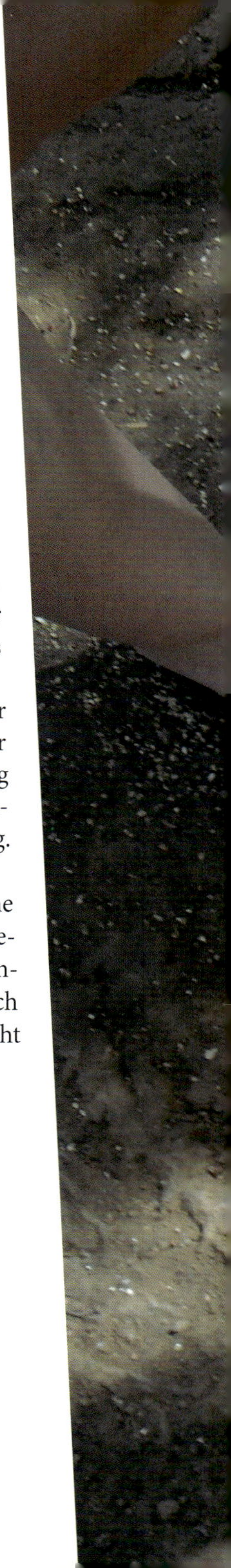

Klassische Fußbekleidung *down under:* bequeme Laufschuhe, Schlappen – oder gleich barfuß

84 Mozzies and flies

Where flies blow & mozzies suck

So manch traumhafter Ort kann sehr schnell sehr viel von seinem Appeal verlieren. Gerade im Outback sind es die Myriaden von Fliegen, die nerven; anderswo sind es die Moskitos.

Fliegen nerven, überall. In den Städten Australiens sieht man sich selbst im Sommer höchstens alle paar Tage durch eine stupide Stubenfliege belästigt. Anders ist die Situation draußen, auf dem Land. Auf manchen Farmen kann man problemlos draußen sitzen oder arbeiten, doch nur wenige Kilometer weiter wird die Gesellschaft der Fliegen unerträglich.

Auf der Suche nach Feuchtigkeit stoßen die Fliegen früher oder später auf Menschen – und deren verlockende Körperöffnungen. Nun zeichnet sich die australische Fliege durch eine bemerkenswerte Hartnäckigkeit aus – hat sie sich einmal in den Sinn gesetzt, von kostbarer Tränenflüssigkeit zu kosten, wird sie sich durch ein paar schnöde Attentatsversuche davon nicht abbringen lassen. Selbst die brutalsten Insektenschutzmittel müssen vor der australischen Fliege kapitulieren. Wer sich nicht unter ein schützendes Netz begeben will, hat immerhin noch die Möglichkeit, unentwegt vor seinem Gesicht herumzuwedeln – auch gemeinhin als australischer Gruß bekannt – und auf Wörter mit langem A zu verzichten, denn auch Speichel ist für die Insekten unwiderstehlich.

Für Menschen sind sie nur nervig, doch eine Art der Fliegen – *blowflies* – ist für die Nutztiere äußerst gefährlich. Schafe leiden sehr unter den Maden, die die erwachsenen *blowflies* ihnen ins Fell setzen. Als Mensch hat man nur mit vergleichsweise harmlosen Blutsaugern zu tun. Die *marchflies* (Bremsen) machen das Leben in einigen Ecken des Landes für rund drei Wochen im Jahr schmerzhaft bis unmöglich.

Landesweit erfreut man sich an der Gesellschaft von Moskitos. Zu dem »bsssss« der Fliegen tagsüber gesellt sich nach Einbruch der Dunkelheit das schrillere »zzzzzz« der Mücken. Immerhin: Der Insektenschutz ist gegenüber *mozzies,* wie sie unangemessen liebevoll genannt werden, sehr effektiv.

Zum Glück ist nicht alles, was flattert, nervtötend.

85 Müll

Kings of trash

Dass der höchste Berg im flachen Australien nicht aus Müll besteht, liegt vor allem daran, dass es so wenig Australier gibt. Bei der Produktion von Müll spielt das Land *down under* nämlich um die Poleposition.

Selbst die verschwenderischsten Länder in Europa produzieren nur einen Bruchteil des Mülls von Australien – wenn man pro Einwohner rechnet. Da Australien aber äußerst dünn besiedelt ist, fällt das nur in den Ballungsräumen auf. Ein Umweltgedanke setzt sich langsam durch, doch im Alltag angekommen ist er noch nicht. Einwegtüten sind immer noch gang und gäbe, Recycling ist und bleibt exotisch, Emissionen waren bis vor Kurzem ein Fremdwort. Immerhin gab es zwischenzeitlich ein eigenes Ministerium, das explizit für (oder besser gesagt: gegen) den Klimawandel zuständig war.

Viel spannender als in der Stadt ist der Müll dort, wo es keine Müllabfuhr gibt. In kleineren Gemeinden ist es üblich, seinen Müll selbst wegzubringen. Je nach Bedarf geht es dann einmal pro Woche oder einmal im Monat zur Deponie am Stadtrand, wo man seinen Müll zumindest grob trennen kann. Wer lieb fragt, darf auch tauschen: Biomüll, der zu Mulch oder Kompost verarbeitet wurde, ist äußerst beliebt – vor allem weil er gratis ist.

Wohnt man aber so weit ab vom Schuss, dass es nicht einmal eine Deponie gibt, so bleiben immer noch zwei Optionen, die sich schon seit Jahrhunderten weltweit bewähren: einfach liegen lassen oder verbuddeln.

Auf einer der Farmen, auf denen ich gearbeitet habe, gab es zu diesem Zweck eine Grube in einer Ecke des Grundstücks (wohlweislich weit entfernt vom Brunnen). Sobald die drei Ölfässer vor dem Haus randvoll mit Müll gefüllt waren, wurden sie mit dem Bulldozer zur Kippe gefahren, dort ausgeleert, mit einem kleinen Molotowcocktail in Brand gesetzt und nach einer Weile mit Erde überschüttet. Nebenan warteten Generationen von Schrott, die man nicht vergraben konnte, in der Einöde auf eine bessere Zukunft.

Selbst ohne menschliches Zutun sieht es im Busch manchmal aus wie bei Hempels unterm Sofa. Wie lange brauchen Sie, um in dieser Rumpelkammer das Nest zu finden?

86 Nachbarn

Verdammte Kiwis!

Die Beziehung zu den Neuseeländern – gerne auch Kiwis genannt – ist wahrlich nicht einfach. Obwohl beide Länder weitaus mehr Gemeinsamkeiten haben als Differenzen, lässt man keine Gelegenheit aus, übereinander herzuziehen. Mal liebevoll, mal deftig.

Grundsätzlich unsympathisch findet man Neuseeland keineswegs – und auch umgekehrt ist es mehr eine gepflegte Rivalität als ernsthafte Abneigung. Am besten, so versicherten mir sowohl Aussies als auch Kiwis, kann man das Verhältnis mit dem zweier Brüder vergleichen. Zwar ärgert man sich gegenseitig, wo es geht; aber wehe, jemand von außen versucht, der Familie etwas anzuhaben – dann kriegt er es mit beiden zu tun. Sei es ein Krieg oder eine der zahlreichen Naturkatastrophen – im Ernstfall stehen beide sehr eng zusammen. Und insgeheim ist man sicher auch froh, nicht ganz allein im Pazifik zu sitzen ...

Doch glücklicherweise ist der Ernstfall selten und es bleibt umso mehr Zeit, Beleidigungen auszuteilen. Im Zweifel lästert man auch über die eigene Frau, wenn sie denn im falschen Land geboren wurde. Selbst Politiker lassen sich zu dem einen oder anderen unüberlegten Kommentar hinreißen.

Auf die Dauer ist das natürlich anstrengend, aber gelegentlich kann es durchaus unterhaltsam sein, diesem bilateralen Popelflitschen beizuwohnen. Hier kurz die Spielregeln: Australier werfen den Neuseeländern vor allem Provinzialität und einen, sagen wir, arg begrenzten Genpool vor. Die Neuseeländer kontern, indem sie sich über die Grobschlächtigkeit und Kulturlosigkeit der Australier lustig machen. Anschuldigungen, die Beziehungen zu Nutztieren (vor allem zu Schafen) über das geschäftliche oder gar platonische Maß hinaus zu pflegen, werden in beide Richtungen über die Tasmanische See geschossen. Ergänzt wird dies mit langen Diskussionen darüber, wessen Sportteams besser sind oder wer zuerst gewisse Dinge erfunden hat (wohlgemerkt Dinge, für die sich andere Länder kaum rühmen würden) oder welche Staatsangehörigkeit dieses eine Rennpferd hatte oder, oder, oder – eben wie in einer leicht dysfunktionalen Familie!

Objekte der Begierde – da kriegen sich Aussies und Kiwis schon mal in die Wolle.

87 Nackte Haut

Kann nicht endlich auch mal jemand an die Kinder denken?

Ähnlich wie in Amerika kann man bei Australien eigentlich nur darüber staunen, wie weit sich das Land in kürzester Zeit entwickelt hat. Der Lebensstandard kann sich locker mit jedem westlichen Land messen. Doch in einer Hinsicht scheint Australien mit mindestens einem Bein im viktorianischen Zeitalter stecken geblieben zu sein: Selbst ohne deutliche Neigung zur Religion geht es überraschend prüde zu.

Überraschend, da nackte Haut wirklich keine Besonderheit ist. In heißeren Breitengraden trägt man, ob Mann oder Frau, nur das Mindeste – und das auch eher zum Schutz vor der Sonne. Auch liefert ein Besuch am Strand oft mehr Inspiration als so manches Magazin von der Tankstelle – Bikinis sind so knapp geschnitten wie im Rest der Welt auch.

Solange die knappe Kleidung ihren Zweck erfüllt, stört sich auch niemand daran. Doch kaum ist das Kleid nur zum Vergnügen kurz, befinden sich viele Australier schon außerhalb ihrer *comfort zone*. Nicht, dass das Land ernsthaft repressiv wäre – eher zurückhaltend. Man wird in der Öffentlichkeit vergleichsweise wenige Pärchen sehen, die sich küssen. Was unter der Bettdecke passiert, bleibt auch dort. Und für die Medien wird genau geprüft, wie viel Nacktheit für das Publikum erträglich ist. Selbst an den kilometerlangen einsamen Stränden kommen die wenigsten auch nur auf die Idee, eine Runde *skinny-dipping* zu wagen, also nackt zu baden.

Das ist insofern kurios, als Neuseeland – das immerhin mit nahezu identischen Bedingungen gestartet ist – hier schon ein deutliches Stück weiter ist. Einige Studien sehen es sogar als das promiskuitivste Land der Welt – und der Umgang mit Aufklärung und Sexualität ist so locker, wie er nur sein kann. Vielleicht, weil dort Religion wirklich keine Rolle mehr spielt.

Nanny state
Mutti Staat

Was gibt es Schöneres, als sich über »die da oben« zu beschweren? Wer nicht über einen ganz bestimmten Politiker schimpfen möchte, kann sich zumindest über den *nanny state* aufregen, zu dem sich Australien langsam entwickelt.

Irgendwann in den letzten Jahrzehnten hat Australien die Lust an der Vorschrift entdeckt. Insgesamt scheint die Nation langsam, aber sicher konservativer zu werden, doch dies geht nicht mit einer liberaleren Haltung einher, wie man etwa beim Parteienname *Liberals* vermuten könnte. Vielmehr klagen Aussies gerne darüber, dass sich ihr Land rapide zu einem *nanny state* entwickelt – also einer Gesellschaft, die einem exakt vorschreibt, was man tun darf und was nicht. Oder, sollte das nicht möglich sein, zumindest, was man tun soll und nicht tun soll. Oder, falls auch das nicht möglich sein sollte, wann man zumindest ein schlechtes Gewissen haben muss.

Am deutlichsten dürften dies die Raucher merken. In öffentlichen Gebäuden ist das Rauchen schon lange tabu. Auch in Gaststätten wird das Quarzen allenfalls draußen, in einem markierten Bereich, toleriert. Aber nicht zu weit nach draußen gehen! Man will ja kein Buschfeuer starten. Um die Raucher möglichst ganz von ihrer schlechten Angewohnheit abzubringen, prangen auf den Zigarettenpackungen allerlei bunte Bilder, die die Krankheiten illustrieren, die man sich durch den Tabakkonsum zuziehen kann. Vor lauter Tod und Siechtum kann man die Marke auf der Verpackung nur noch mühsam erkennen. Auch als Nichtraucher kann man verstehen, dass sich fröhlich designte Etuis für Zigarettenpackungen ganz wunderbar verkaufen.

Auch die Trinker werden nicht in Ruhe gelassen. Für sie gibt es Zonen: In Pubs ist das Trinken im Regelfall nur drinnen oder in speziellen Außenbereichen gestattet. Viele öffentliche Flächen – wie in Parks – unterliegen dagegen einem totalen Konsumverbot. Um die Kinder nicht zu verderben, wird harter Alkohol in Geschäften sogar oftmals noch in Papiertüten eingewickelt.

Doch auch andere Gruppen sind betroffen. Fahrradfahren ohne Helm – undenkbar! Videospieler fühlen sich durch die pedantische Zensur eingeschränkt. Und man denkt an die Kinder: Damit diese sich Zeit ihres Kindseins nicht mit Gewalt und Nacktheit konfrontiert sehen, gibt es vor jedem Fernsehprogramm detaillierte Warnhinweise. Doch selbst wer sich in einschlägigen zwielichtigen Etablissements mit Entertainment eindecken möchte, wird die Zensurfreude zu spüren bekommen. Um sich gegen Pornografie zu engagieren, die auch für Pädophile interessant sein könnte, dürfen Darstellerinnen nun nicht mehr zu jung aussehen – und ein Kriterium ist, dass auch die Brüste der »Künstlerinnen« eine Mindestgröße aufweisen müssen. Man sieht: Auch *down under* treibt die Gesetzgebung mitunter sehr kuriose Blüten.

Selbst auf der Straße gibt es den Mann mit dem *lollipop*, der einem sagen will, was man zu tun hat!

89 No worries
Keine Macht den Sorgen

Mehr als nur ein Spruch: *No worries* ist auch ein Stück Lebenseinstellung.

Es ist eine Frage von Stunden, wenn nicht Minuten, bis man nach der Ankunft in Australien zum ersten Mal mit einem »*no worries*« konfrontiert wird. Im alltäglichen Sprachgebrauch ist es das australische Äquivalent zu einem »*you're welcome*«. Passt schon, gerne geschehen, alles gut.

Passenderweise gibt *no worries* auch die Einstellung der meisten Australier zum Leben und allem, was dieses ihnen entgegenwirft, wieder. Die Lage ist aussichtslos, aber niemals ernst, und wer seine Zeit damit vergeudet, sich zu sorgen, ist selber schuld. Und sowieso gibt es kein Problem, dass sich nicht doch irgendwie lösen ließe.

Diese fast mediterrane Lebenseinstellung sorgt glücklicherweise aber nicht für eine alles umspannende Lethargie oder Bequemlichkeit. Australien bleibt zuverlässig, fix und hilfsbereit. Doch geht es dabei wesentlich entspannter zu.

Übung für zu Hause: locker lassen!

90

Nullarbor

Fahren Sie weiter, hier gibt es nichts zu sehen

Nullarbor leitet sich vom lateinischen *nulla arbor* – keine Bäume – ab. Und der Name ist Programm. Australiens Südküste, mittig zwischen Perth und Adelaide, ist die wohl ödeste Einöde der Welt.

Insgesamt hat die Nullarbor eine Fläche von über 200.000 Quadratkilometern bei einer Breite von über 1.000 Kilometern. Damit hat sie die Größe eines typischen europäischen Staates – bloß ohne irgendwelche Merkmale, die beschreibenswert wären. Meile für Meile gibt es nichts als flachen, trockenen, braunen Boden ohne nennenswerten Bewuchs. Die Tristesse ist, selbst bei gutem Wetter, überwältigend.

Kein Wunder also, dass die Nullarbor eine nahezu magische Anziehungskraft ausübt. Abenteurer sehen die besondere Herausforderung, die Wüste mit dem Motorrad oder Fahrrad zu durchqueren. Auch ambitionierte Backpacker stellen sich dem – zugegeben etwas kleineren – Abenteuer, die Nullarbor im klimatisierten Leihwagen zu durchfahren. Es ist die Art von Abenteuer, die man nach spätestens 20 Minuten bereut, doch zu diesem Zeitpunkt liegen noch zwei Tagesreisen vor einem, die **keinerlei** – und dieses »keinerlei« ist bewusst doppelt unterstrichen mit einem Rahmen drum und zwei Sternchen dran – Abwechslung bieten. Es ist ein Tummelplatz für Wahnsinnige und solche, die es noch werden wollen.

Wer die Nullarbor bequemer durchqueren will, dem steht immer noch der Zug zur Verfügung. Wer kann, steigt aber lieber ins Flugzeug und überquert nicht nur die Nullarbor, sondern ganz Australien in wenigen Stunden.

91 Ostern
Easter Bilby & Co.

Eigentlich ganz logisch: Der Messias wurde ans Kreuz genagelt, ist gestorben und danach wieder auferstanden, weshalb nun einmal im Jahr ein Hase vorbeischaut und für die Kinder Eier versteckt. Kaum nachzuvollziehen, warum Ostern in Australien zunehmend an Bedeutung verliert.

Ostern ist für die meisten Australier mittlerweile einfach nur ein verlängertes Wochenende. Doch es wäre nicht Australien, wenn man dem Fest nicht trotzdem seinen eigenen Stempel aufdrücken würde. Als eine der verheerendsten Plagen im Land erfreuen sich Kaninchen wahrlich keiner großen Anerkennung. So kam es, dass sich auch immer mehr Leute gegen die alljährliche Verherrlichung der Nager aussprachen. Kinder sollten schließlich nicht süße Schokolade mit gemeingefährlichen Plagen in Verbindung bringen. Und so wurde das *Easter Bilby* erfunden: Australiens Antwort auf den Schokohasen, nur mit einem einheimischen Bilby, einem kleinen Beuteltier mit riesigen Ohren.

Und sonst? Sonst gewinnt das chinesische Neujahrsfest zunehmende Bedeutung. Es fällt auch ins Frühjahr und ist eine bunte und willkommene Abwechslung auch für diejenigen Australier, die keine Wurzeln in Asien haben.

Platz, um Ostereier zu verstecken, gäbe es überall reichlich.

92 Outback life
Vom Leben und Sterben

Where the sheep have no name: **Weitab von den Städten ist das Leben ein anderes, vom Anfang bis zum Ende. Und gerade das Ende kommt gerne schneller als erwartet – für Mensch und Tier.**

Als Mensch, der in einer Stadt aufwächst, ist man es gewohnt, dass stets ein Arzt zu erreichen ist. Wer mag, kann sich schon bei kleinen Wehwehchen behandeln lassen oder sich in Vorsorgeuntersuchungen ergehen. Darüber hinaus gibt es vielleicht ein Unfallrisiko, aber selbst hier stehen die Chancen gut, dass ein rettender Krankenwagen rechtzeitig zur Unterstützung kommt.

Anders, wenn man fernab von Städten – oder gar Dörfern – lebt, womöglich in unzugänglichen Gebieten, in denen es nur begrenzten Handyempfang gibt. Unfälle passieren bei der körperlichen Arbeit schnell – sei es durch Maschinen oder durch Tiere –, aber ihre Konsequenzen sind sehr schnell schwerwiegender, als man es vermuten

würde. Im Zweifel ist nicht mal ein Nachbar da, der helfen könnte. Und auch ein Arbeitsunfall, der zunächst harmlos aussieht, kann unangenehme Folgen haben: Gerade in den heißen Regionen tummeln sich Erreger von Tetanus oder sogar fleischfressende Bakterien. Wer hier zögert, verliert.

Zudem: Wer nicht mit ärztlicher Versorgung groß geworden ist, hegt oftmals auch eine Abneigung gegen den Mann im weißen Kittel. Manch einer sitzt den Schmerz lieber aus oder vertraut dubiosen Heilpraktikern, nur um den Gang zum Doktor zu verhindern.

Ähnliches gilt auch für die Tiere. Ein Tierarzt ist nicht eben mal so verfügbar, sondern weit entfernt und teuer. Jedes Tier bekommt seine faire Chance, doch im Zweifel gibt es keine zweite, sondern nur eine Kugel. Im Outback hat immer noch die Natur das Sagen, für Sentimentalitäten ist kein Platz.

Mein Eindruck war, dass einige Charaktere im Outback diese Option für sich selbst auch einem Krankenhausaufenthalt vorziehen würden. »Wenn man hier draußen einen Herzanfall hat, stirbt man«, erklärte mir eine Gastgeberin und ließ keinen Zweifel daran, dass es besser sei, bis ans Ende in Freiheit und Unabhängigkeit gelebt zu haben, als seinen Lebensabend im Krankenhaus oder Altenheim in der Stadt zu verbringen.

93 Perth
Einsame Klasse

Weit abgelegen, ganz allein an der großen Westküste, liegt Perth. Die Stadt gilt als isolierteste Metropole der Welt – und doch ist sie der *rising star* unter den australischen Städten.

Perth ist in der Tat einzigartig. Außerhalb des Dunstkreises dieser Großstadt gibt es wenig bis nichts; ganz Western Australia – immerhin ein *state* mit der Größe Westeuropas – hat nur zwei Millionen Einwohner, von denen fast alle in Perth zu Hause sind. Bis zur nächsten Stadt, die den Titel auch verdient (Adelaide), sind es über 2.000 Kilometer. Selbst Indonesien ist deutlich näher als die eigene Hauptstadt.

Wer also nach Perth reist, kann sich auf eine Überraschung einstellen. Nach viel Nichts erscheint plötzlich die Skyline einer äußerst gepflegten und sauberen Stadt, die einem das angenehme Gefühl gibt, schon einmal hier gewesen zu sein. Die erstarkende Wirtschaft Westaustraliens, die maßgeblich durch den *mining boom* getragen wird, macht das Leben in den wohlhabenden Regionen um Perth immer reizvoller. Vom mediterranen Klima ganz zu schweigen. Auch auf der touristischen Landkarte erscheint die Stadt immer öfter: War es früher einfach zu weit bis nach Westaustralien, ist Perth heute idealer Ausgangspunkt für Reisen entlang der einsamen, aber bilderbuchschönen Westküste.

Perth ist auch als Stadt des Lichts bekannt, seit Astronauten die isolierte Metropole vom All aus als helle Insel in einem Meer aus Dunkelheit bewundern können.

Pferde
Kollegen mit 1 PS

Vielerorts auf der Welt äußern Leute ihr Erstaunen, wenn man keinen Führerschein besitzt. Im ländlichen Australien kommt noch eine Portion Skepsis hinzu, wenn man nicht einmal vernünftig reiten kann. Das lernt doch jedes Kind. Oder?

Natürlich ist es in den australischen Großstädten nicht anders als in Europa – Pferde sind schon fast exotische Tiere, die allenfalls als Hobby für privilegierte Mädchen taugen. Doch weiter draußen war das Pferd lange Zeit ein unersetzliches Arbeitstier, das sich auch heute noch als hilfreich erweist.

Die Grenze ist dabei oft fließend. Viele Großgrundbesitzer halten sich Pferde auch, weil sie einen Narren an ihnen gefressen haben. Reiten macht ja auch Spaß, und wenige Dinge sind so überraschend entspannend, wie sich die Welt von einem Pferderücken aus anzusehen. Eine meiner Gastgeberinnen illustrierte diesen Punkt auf perfekte Weise, als sie sich entschied, ihren Heißhunger auf Fast Food zu stillen, aber anstelle ihres klimatisierten Autos das Pferd mit in den Drive-in nahm.

Bei einigen Aufgaben ist das Pferd auch heute noch unschlagbar. Für das *mustering,* das Zusammentreiben von Vieh, gibt es nach wie vor keine effektivere Methode, allen modernen Quads und Bikes zum Trotz. Auch sind nicht alle Ecken eines Grundstücks mit einem Wagen – und sei er noch so geländetauglich – einfach so zu erreichen. Und genau diese Flexibilität bietet der Untersatz mit 1 PS.

Interessanterweise hält aber auch hier die Bequemlichkeit Einzug. Einmal kam ich während meiner kurzen Karriere als Cowboy in die Situation, ein Kalb einfangen zu sollen. In meiner großstädtischen Naivität dachte ich, auch das würde zu Hufe geschehen – doch wie sich herausstellte, sind für so eine Aufgabe vor allem Geduld und Taktik gefordert, die sich wesentlich leichter in einem klimatisierten Wagen aufbringen lassen. Im Schritttempo fuhren wir dem ahnungslosen Kalb hinterher, bis es irgendwann den Anschluss an die Mutter verlor und dann auf dem Schoß des Beifahrers heimgefahren werden konnte. Das ist freilich weniger spektakulär als der Fang mit dem Lasso, reduziert aber auch das Risiko einer Verletzung. Genau das steht nämlich immer im Mittelpunkt: Arbeiten wie Reiten sind im *bush* nie auf Stil oder Etikette ausgerichtet, sondern immer nur auf Sicherheit.

Freilich ist nicht jedes Pferd immer in Arbeitslaune.

95 Pies

Brotlose Kunst

In vielen Situationen macht sich im australischen Alltag auch heute noch die britische Abstammung bemerkbar. Nirgendwo kann Australien diesen Einfluss schlechter verheimlichen als – wie könnte es anders sein – in der Küche.

Die australische Küche an sich ist vielseitig. Ohne sich deutlich zu positionieren, versucht man, die populärsten Gerichte aus aller Herren Länder nachzukochen. Migranten aus Europa und Asien versorgen das Land mit genügend kulinarischer Abwechslung; dagegen heißt es selbst im offiziellen Porträt der Behörden, dass Australien kein eigenes Nationalgericht vorweisen kann.

Der – im wahrsten Sinne des Wortes – heißeste Kandidat für diese Auszeichnung wäre der *pie*. Dabei handelt es sich um eine herzhaft gefüllte Blätterteigpastete, die es – so ziemlich – an jeder Ecke zu kaufen gibt. Es kann dabei durchaus vorkommen, dass man eine *bakery* betritt, in der es weder Brot noch Brötchen gibt, sondern nur Deftiges.

Je nach Talent und Kreativität des Bäckers können *pies* eine schmackhafte Zwischenmahlzeit sein. Nicht zu groß, nicht zu klein, ideal als *takeaway*. Standard in jeder Bäckerei sind die *mince pies* (Hackfleischfüllung mit Soße), gerne wird auch mit Käse, Steak, Nieren oder Kartoffeln variiert. Aus unerfindlichen Gründen werden *pies* zumeist mit *tomato sauce* oder gar Malzessig serviert. Wie man bereits an dieser kurzen Beschreibung erahnen kann, ist die Grenze des guten Geschmacks nie fern und wird von der einen oder anderen Kombination auch unzweifelhaft überschritten (Stichwort: Aal).

Leider ist es nicht möglich, *pies* mit einem Grundmaß an Eleganz zu verspeisen – der flüssige und meist überraschend heiße Inhalt macht diesem Vorhaben konsequent einen Strich durch die Rechnung. Messer und Gabel würden helfen, garantieren aber den gnadenlosen Spott der Einheimischen. Da hilft nur ein Ausflug nach South Australia, um einen *pie floater* zu genießen: Dabei handelt es sich um einen normalen *mince pie*, der kopfüber in eine dicke Erbsensuppe geworfen wird und darum auch mit Besteck verzehrt werden darf. Es schmeckt genau so, wie es sich anhört – und erklärt, warum australische Delikatessenläden auf dieser Welt so dünn gesät sind.

Reinbeißen, Mund verbrennen, kleckern, nach Belieben wiederholen

96 Pioniere
Captain Cook und Konsorten

Viel hätte nicht gefehlt, und es wären nicht die Engländer gewesen, sondern die Franzosen, die sich den letzten Kontinent unter den Nagel gerissen hätten. Kaum vorzustellen, wie anders sich *en bas sous* entwickelt hätte! Dass es nicht so gekommen ist, ist vor allem Captain James Cook zu verdanken.

Captain Cook war eine bemerkenswerte Persönlichkeit. Bei seinen drei großen Reisen an das – damals völlig unbekannte – Ende der Welt erkundete und kartografierte er große Teile des Pazifiks quasi im Alleingang. Als großer Seefahrer und starke Führungspersönlichkeit gelang es ihm, auch unter schwierigsten Bedingungen außergewöhnliche Leistungen zu erbringen, allen voran die Entdeckung Australiens.

Freilich tauchten Berichte über die geheimnisvolle Landmasse *terra australis* in der Geschichte schon lange vor 1770 auf. Doch war es Cook, der nach der Beobachtung des Venustransits bei Tahiti die Küste erstmals ernsthaft erforschte. Damals machte er auch in Botany Bay Halt – heute eine Bucht vor Sydney.

Viele Ortsnamen erinnern an die Geschichte der ersten Entdecker, so etwa Cooktown im hohen Norden Queenslands. Auch Joseph Banks, der Botaniker, der Cook auf seinen Reisen begleitete, ist Australiern ein geläufiger Name. So auch Charles Darwin, der auf seiner Reise auf der Beagle in Australien und Neuseeland Halt machte. Zwar wurde nach ihm eine (überaus wichtige!) australische Stadt benannt, doch überraschenderweise konnte sich Darwin weder für Australien noch für Neuseeland erwärmen. Erstaunlich, dass selbst eine so andersartige Fauna und Flora wie in Ozeanien ihn nicht aus der Reserve locken konnten, wo doch sogar die tristen Regionen Feuerlands den Biologen hellauf zu begeistern vermochten. Das australische Nationalmuseum erklärt die wenig liebenswerten Kommentare Darwins über den fünften Kontinent lapidar mit seiner Erschöpfung von der mehrjährigen Reise ...

ORROROO EARLY
SETTLERS

97 Plagen

Citizen Cane Toad

Wäre es nicht so traurig, wäre es echt lustig: Was sich der fünfte Kontinent im Laufe zweier Jahrhunderte an Plagen (zumeist freiwillig!) aufgehalst hat, lässt den neutralen Beobachter staunend zurück.

Wir schreiben das Jahr 1859. Ein Farmer, der gerne anonym bleiben möchte, besitzt zwei Dutzend Kaninchen, für die er keine Verwendung mehr hat. Er will sie nicht behalten, bringt es aber auch nicht übers Herz, sie zu ertränken. Was soll schon passieren, denkt er sich, als er sie laufen lässt. Heute, anderthalb Jahrhunderte später, sieht sich Australien mit einer nicht enden wollenden Kaninchenplage konfrontiert, die das Land jedes Jahr eine geschätzte Milliarde kostet – von irreparablen Schäden an der Flora ganz zu schweigen. Karnickel sind ihrer Flauschigkeit zum Trotz unter Australiern verhasst; dass sie nun massenweise mit biologischen Waffen eher hart als zart ausgerottet werden, gilt allgemein als hervorragende Nachricht.

Doch die größten aller Plagen hat man völlig freiwillig und absichtlich ins Land gebracht. Niemand wollte auf seine liebsten Haustiere, Hund und Katze, verzichten. Gemeinsam mit dem Fuchs, der ebenfalls aus Europa importiert wurde, sind sie (und ihre halbwilden und wilden Nachkommen) die größte Gefahr für die australische Flora und Fauna. Einige einheimische Tierarten sind vom Aussterben bedroht, weil sie von den importierten Spezies dezimiert wurden.

Doch trotz all der negativen Erfahrungen hat die australische Bevölkerung aus ihrem Schaden nichts gelernt. Munter importierte man weiter allerlei Tiere, auf die die australische Natur einfach nicht vorbereitet war, von Rindern, Schafen, Wasserbüffeln, Wildschweinen bis hin zu Kamelen – so ziemlich alles, was auf diesem Kontinent keinen Beutel hat, gehört eigentlich nicht dorthin. Entsprechend groß ist der Schaden, auch wenn viele Australier nach wie vor der Ansicht sind, es habe sich gelohnt, die Schäfchen ins Trockene zu bringen.

Fette Kröten wie diese kann man auf schmerzlose Weise töten, indem man sie einfriert. Wer keine Tiefkühltruhe dabei hat, kann seiner Kreativität freien Lauf lassen.

Nicht nur Säugetiere wurden begeistert in das Ökosystem eingeführt. Anlässlich einer der Plagen, die Australien ganz natürlich überfiel, führte man *cane toads* ein. Diese schlicht widerlichen Riesenkröten sollten sich an schädlichen Skarabäuskäfern satt fressen und so die Zuckerrohrernte retten. Das Experiment schlug auf epochale Weise fehl. Sowohl Käfer als auch Kröte gedeihen ganz fantastisch, die *cane toads* breiteten sich auf dem ganzen Kontinent aus und vergiften nun einheimische Tiere en masse.

Die Reaktion darauf sind organisierte Pogrome. Wer mag, kann seinen Blutdurst in organisierten Rallyes stillen, in denen es gilt, möglichst viele Katzen über den Haufen zu schießen oder *cane toads* zu überfahren.

98 Politik

Von Wahlkrämpfen und Ministerpfosten

Australische Politiker müssen volksnah sein – ansonsten haben sie nicht den Hauch einer Chance, sich in einem relevanten Amt zu behaupten.

Diese Volksnähe treibt mitunter seltsame Blüten. Man gewinnt den Eindruck, erfolgreiche Politiker werden nicht nur für ihre Reformen in Erinnerung behalten, sondern ebenfalls daran gemessen, wie schnell sie ihr Bier auf ex trinken können.

Auch wenn man den australischen Volksvertretern eine Bodenständigkeit nachsagt, hält das die Bevölkerung nicht davon ab, mit Verve und Gusto über ihre Politiker zu schimpfen. Kevin Rudd, der das Amt des Premiers erstmals im Jahr 2007 übernahm, wurde für seine Reisefreudigkeit als Jumbo, *Kevin-4-7,* verspottet. Dass er auch noch Mandarin beherrscht – nicht nur eine Fremdsprache, sondern gleich so eine exotische –, war vielen ein Dorn im Auge. Auf seine erste Periode als Premierminister folgte Julia Gillard, unverheiratete Frau und bekennende Atheistin – und dafür gleichermaßen bewundert und verhasst. Ende 2013 entschied sich Australien dann für einen Regierungswechsel und ernannte Tony Abbott zum Premier, einen konservativen Hardliner, der sich auf dem politischen Parkett so elegant bewegt wie der sprichwörtliche Elefant im Porzellanladen. Ihm wird zur Last gelegt, er sei chauvinistisch und leugne den Klimawandel; wer eine Sammlung seiner Äußerungen durchstöbert, weiß nie, ob er lachen oder doch weinen möchte.

Auch als Außenseiter hat man Chancen, sich in der australischen Politik zu beweisen. Peter Garrett, Frontmann der Rockband Midnight Oil *(Beds are Burning),* war lange Zeit nur als exzentrischer Musiker bekannt, dessen Darbietungen sich zumeist auf dem schmalen Grat zwischen gelungener Performance und epileptischem Anfall bewegten. Die Band machte Politik zum Thema ihrer Musik und Garrett wurde zu einem viel beachteten Umweltaktivisten – und 2007 zum Umweltminister. In dieser Position wurden die von ihm vertretenen Ideale ein ums andere Mal auf eine schwere Probe gestellt.

Doch die Politik liefert, wie wohl in jedem anderen Land der Welt, auch unterhaltsame Momente. Splitterparteien wie eine Sex Party erheitern das politische Tagesgeschäft; Parteien vom rechten Rand schimpfen derweil über ein böses, böses Land namens Islam ...

Monkey business

99 Possum, Bilby und Co.

Abteilung Beuteltiere, Größen XS–S

Die australische Fauna hält auch knuffige Überraschungen bereit. Jeder kennt Kängurus und Koalas, doch auch ein paar Größen kleiner treiben putzige Beuteltiere ihr Unwesen rund um Heim und Hof.

Zu den bekanntesten dieser Tiere gehören die Possums, die man keinesfalls mit amerikanischen Possums oder gar Opossums verwechseln sollte. In Australien sind Possums harmlose Beuteltiere, die man als Kreuzung aus Eichhörnchen und Katze beschreiben könnte. Manch einer äußert sich abschätzig über sie als »australische Ratten«, doch sind Possums a) bei Weitem nicht so clever und b) viel, viel flauschiger.

In Westaustralien ist es gut möglich, dass man einem Quokka begegnet. Quokkas erinnern an wirklich kleine Kängurus, die mit einem Lächeln im Gesicht durchs Leben hüpfen. Üblicherweise sind sie sehr neugierig und überhaupt nicht scheu, sodass die Chancen gut stehen, ein Quokka persönlich kennenzulernen. Schwieriger wird dies bei einem Bandicoot und beim Bilby – oder den noch kleineren Beuteltieren, die teils nur die Größe von Mäusen erreichen.

Viele dieser Tiere wird man nie zu Gesicht bekommen, doch haben sie eine vitale Rolle im Ökosystem. Einige der Spezies sind sogar fleischfressend und helfen mit, im Wald aufzuräumen. Ihre Bisskraft ist dabei wirklich beeindruckend: Für Forschungszwecke habe ich einmal Lebendfallen eingesammelt – und dabei erstaunt festgestellt, dass sich selbst mausgroße Tiere genüsslich durch Metall hindurch in die Freiheit zurückknabbern können.

Australien hat seine niedlichen Tierchen, aber dafür kennen Aussies keine Eichhörnchen – ausgleichende Gerechtigkeit.

Selbst wenn der Postmann klingeln wollte, wäre das nicht so leicht – haben doch die meisten Häuser keine Klingel, von einem richtigen Türschloss ganz zu schweigen.

100 Post & Porto

Wenn der Postmann keinmal klingelt

... und jeden Tag gegen halb zwölf kommt der Postbote. Meist hat er nur Briefe. Gelegentlich aber auch mal ein Päckchen. Dann klingelt er und lässt den Empfang quittieren. So, und zwar genau so, funktioniert es im Outback nicht.

Je dünner besiedelt eine Region ist, desto seltener wird die Post ausgetragen. Im Outback beauftragt die australische Post üblicherweise einen Anwohner aus dem nächstbesten Dorf, zwei Tage die Woche die Post an alle Anwesen im Umkreis von fünfzig oder hundert Kilometern auszufahren. Dabei kann es natürlich vorkommen, dass man als Bote für eine Handvoll Briefe den ganzen Tag unterwegs ist – und das auch nur, wenn man sich gut auskennt und sich nicht auch noch von den erfreuten Empfängern am Briefkasten abfangen lässt. Denn oft wird »Die Post kommt!« zum Ereignis, und wenn man den Briefträger ohnehin kennt, kann man ihn ja auch nicht ohne eine Tasse Tee (ein paar Kekse dazu?) wieder gehen lassen.

Umgekehrt hat man es auch als Empfänger nicht immer leicht, denn die Briefkästen befinden sich stets an der Straße. Doch bis dorthin kann es mitunter beschwerlich sein: Auf einer Farm in den Northern Territories, auf der ich gearbeitet habe, nahm die Fahrt zum Briefkasten zwanzig Minuten in Anspruch – an einem guten Tag. Entsprechend groß ist auch die Enttäuschung, wenn gar keine Post gebracht wurde. Schlimmer ist es zur Regenzeit: Die Fahrt durch den Schlamm ist wesentlich zeitraubender und der Briefkasten befindet sich auf der falschen Seite des Bachs – der zu dieser Jahreszeit zu einem reißenden Fluss anschwillt, randvoll mit hungrigen Salzwasserkrokodilen. Merke: Eilige Post ist nur in der Trockenzeit wirklich eilig.

101 Prostitution
Werben ums horizontale Gewerbe

Eine hübsche Australierin anzustarren, kann Freude bereiten. Doch was, wenn man auch mal eine anfassen möchte?

Prostitution ist in Australien prinzipiell toleriert und weitverbreitet. Doch jeder *state* hat seine eigene Rechtsauffassung, die die Gesamtsituation etwas unübersichtlich macht. In manchen Staaten ist so ziemlich alles erlaubt, anderswo sind die Regeln und Kontrollmechanismen stärker. Da das Land als weitgehend isolierter Kontinent aber weitaus weniger Probleme mit Menschenhandel hat als andere westliche Nationen, wird Prostitution kaum als Problem klassifiziert. Eine australische Studie zu den Gefahren des horizontalen Gewerbes kam sogar zu dem Ergebnis, die größte Gefahr in diesem Beruf bestehe in schlecht beleuchteten und engen Treppenhäusern, die nicht mit hochhackigen Schuhen konform gehen.

Natürlich konzentriert sich Prostitution auf die Großstädte, und das durchaus sichtbar. Selbst in der offiziellen Touristenkarte, die man als Besucher in Melbourne ausgehändigt bekommt, findet sich Werbung für eindeutig zweideutige Etablissements. Doch Geld lässt sich auch in den einsamen Außenposten verdienen, in denen die Leute nur zum Arbeiten wohnen. Ein solches Beispiel war – und ist – Kalgoorlie, wo einst ein drastischer Männerüberschuss herrschte – und ein entsprechend starker Andrang auf unanständige Dienstleistungen.

Auch heute sind die Bordelle in Kalgoorlie noch eine Attraktion. Für mittellose Perverslinge werden tagsüber Touren durch Bordelle angeboten, in denen nachts die Post abgeht. Nach mehreren solchen Touren fühlte ich mich umfassend informiert – wer hätte gedacht, dass die begehrtesten Damen bis zu 70 Kunden am Tag bedienen können?

In solch zwielichtigen Gassen muss sich niemand mehr verstecken – Edel-Etablissements sind gang und gäbe.

102 Pub life

It's beer o'clock

»*Tonight we really bonded!*«, stellte mein Mitbewohner begeistert fest. Was war passiert? Eigentlich nichts, außer einem ganz gewöhnlichen Besuch in einem ganz gewöhnlichen Pub – dem sozialen Zentrum.

Ob Jung oder Alt, ob Mann oder Frau, ob Arm oder Reich: Im Pub landen sie früher oder später alle. Hier findet sich Unterhaltung für und mit jedermann. Viele typische Pubs erscheinen, zumindest auf den ersten Blick, äußerst gepflegt. Hell, sauber und oft mit einem Hauch historischer Eleganz wirken viele der Pubs, die gerne zur Verwirrung Fremder das Wort »Hotel« im Namen tragen, viel einladender als die europäische Eckkneipe.

Doch das gilt freilich nur so lange, bis das Saufgelage losgeht. Gerade am Wochenende sind Hemmungen die Ausnahme – gebechert wird, bis es nicht mehr geht. Auch kann es vorkommen, dass in Pubs fernab der dicht besiedelten Regionen ganz andere Regeln herrschen. Der Ton ist rauer, die Atmosphäre, sagen wir, rustikal.

Was aber im ganzen Land gleich funktioniert, ist das *shouting*. Es ist nicht nur unüblich, sondern gleich ein Affront, nur für die eigenen Getränke zu bezahlen und die gemeinsame Rechnung am Ende des Abends auseinanderzudividieren. Vielmehr wird erwartet, dass man abwechselnd eine Runde schmeißt. Für alle am Tisch, unabhängig vom Durst.

Unter der Woche hält sich natürlich auch der Australier mit dem Konsum von Alkohol zurück. Um dennoch die Leute in den Pub zu ziehen, gibt es regelmäßig unterhaltsame Wettbewerbe: Darts, Pool oder eine *Trivia Night*, in der man sein Allgemeinwissen testen kann. Zu gewinnen gibt es allerlei Preise, wie zum Beispiel Bier oder Gutscheine für Bier. Serviert wird das Ganze mit herrlich fettigem Essen.

Wie wichtig ein Pub gerade außerhalb der Ballungsgebiete ist, kann man kaum überschätzen. Es ist so ziemlich die einzige Möglichkeit, unverbindlich Leute zu treffen – neue und bekannte. Und um sich zu verlieben: Einmal half ich einem 82-Jährigen bei der Renovierung seiner Scheune. Für ihn war der wöchentliche Abstecher in den Pub Pflicht, und sei es nur, um stotternd bei der bildhübschen Kellnerin etwas bestellen zu dürfen.

103 Quarantäne

Du kommst hier net rein

Australien hat äußerst strenge Regeln zur Einfuhr von Tieren und Lebensmitteln. Diese strengen Quarantänevorschriften stehen in einem krassen Gegensatz zu den Plagen, die man sich mit voller Lust und Wonne ins Land geholt hat. Aber sie funktionieren.

Wer mit dem Flugzeug nach Australien einreist, wird sich bald nach der Ankunft mit der Quarantäneuntersuchung konfrontiert sehen. Es gilt, einen Fragebogen auszufüllen, in dem man zum Inhalt seiner Habseligkeiten ausgefragt wird – und wehe, etwas könnte unwillkommene Gäste nach Australien bringen. Viele Lebensmittel sind tabu, ebenso Dreck, der (womöglich) noch unter den Schuhen hängt. Wer noch den Schmutz vom letzten Campingausflug an den Sohlen hat, wird erst einmal zum Schuheputzen abkommandiert, bevor er das Land betreten darf. Mitunter ist das auch ganz praktisch; so hat man mir freundlicherweise einmal das ganze Zelt ausgesaugt, was ich ohnehin schon seit Wochen vorgehabt hatte.

Doch auch was Krankheiten angeht, versucht Australien, sich vom Rest der Welt zu isolieren. Als die erste panische Welle der Schweinegrippe die Welt erfasste, war Australien eines der ersten Länder, das die Körpertemperatur aller Einreisenden gemessen hat, um womöglich Infizierte sofort auszusortieren.

Wer es ins Land schafft, hat aber noch lange nicht alle Quarantänevorschriften hinter sich gelassen. Teilweise werden auch die Grenzen zwischen einzelnen *states* kontrolliert, an denen man dann beispielsweise seine Früchte abgeben muss. Die Hoffnung ist, damit die Ausbreitung von schädlichen Insekten in Schach zu halten. Und damit meint man es ernst: Auf die falsche Deklaration stehen üppige Geldstrafen.

So viele leckere Früchte – und keine davon darf man mit in den Urlaub nehmen.

101 Regen

Wann kommt die Flut?

Der Elefant im Raum, aber keiner spricht darüber. Sicherlich gibt es Ecken in Australien, die selten Regenwolken sehen, von Niederschlag ganz zu schweigen. Doch man sollte sich seelisch darauf vorbereiten, öfter nass zu werden, als es der Reiseführer verspricht.

Staaten wie Queensland werben mit ihrem guten Wetter; man nennt sich *The Sunshine State* und preist über 300 Sonnentage pro Jahr an. Natürlich ist das Wetter auch überwiegend gut bis fantastisch, gerade für blasse Europäer, doch sagt Sonnenschein alleine noch nichts darüber aus, wie oft es regnet. Und wie heftig.

In den ersten zwei Monaten, die ich in Australien verbracht habe, hat es exakt fünf Tage nicht geregnet. Später hatte ich allerdings auch vier Monate ohne einen Tropfen von oben. Gerade im Süden und an den Küsten regnet es wesentlich häufiger, als man naiv glauben mag: Sydney etwa bekommt doppelt so viel Niederschlag wie Berlin. Selbst Adelaide, trockenste Großstadt, bekommt – so gesehen – genug Feuchtigkeit ab. Wie an der Küste üblich, kann das Wetter auch äußerst launisch sein.

Erstaunlich ist daran, dass das Land trotz allem nicht auf Schlechtwetter eingestellt ist. Wenn es denn mal schüttet, wird man Schwierigkeiten haben, einen Unterstand zu finden, und nicht immer ist so eine Abkühlung willkommen. Mitunter sind die Folgen auch verheerend, wie etwa Queensland 2010 erleben durfte. Weite Teile des *states* (!) standen noch unter Wasser, als von der Küste bereits der nächste Jahrhundertzyklon hereinrauschte. Krokodile wurden im Flutwasser umhergespült und Massen von Spinnen flüchteten, um sich auf leicht erhöhten Flächen zu versammeln. Spätestens nach einer solchen Erfahrung wird sich der eine oder andere nach dem Londoner Wetter sehnen.

Das Bild, das Ihnen Ihr Reiseführer vorenthalten möchte.

105 Religion

Imaginary friends

Australien gilt unter den weit entwickelten Ländern als eine der am wenigsten religiösen Gesellschaften. Zwar fühlen sich noch große Teile der Bevölkerung dem Christentum zugehörig, doch der Einfluss der Religion auf den Alltag ist spürbar geringer, als man es etwa aus Europa gewohnt ist.

Religion ist Privatsache – so sehen es die meisten Australier. Was man in seinen vier Wänden glaubt, soll jedem selbst überlassen bleiben. Doch andere zu missionieren, geht gegen das Empfinden der Aussies. Gespräche über Religion sind daher selten und kurz – meist einigt man sich darauf, andere Vorstellungen zu haben *(»Yeah ... nah«)*, und gut ist's. Gerade bei der jüngeren Bevölkerung ist es mittlerweile auch völlig normal, keiner Glaubensgemeinschaft anzugehören. Religiöser Fanatismus stößt dem Volk sehr schnell sehr sauer auf. Gelästert wird allerdings gerne mal, wenn auch hinter vorgehaltener Hand.

Ausnahmen bestätigen freilich die Regel. Ich selbst wurde von einem meiner Arbeitgeber einmal bei einem seiner Bekannten zwischengelagert, während er zu einem Termin musste. Nach kurzer Zeit entpuppte sich dieser Bekannte als christlicher Fanatiker – zwar die freundliche Sorte, aber dennoch unheimlich. Ihm zufolge irrte Einstein und sowieso die ganze Wissenschaft, die Erde war maximal 6.000 Jahre alt und der Mensch als Krone der Schöpfung war zum Untergang verdammt.

Erfreulich ist dagegen, dass sich auch Splitterreligionen in Australien sicher fühlen können. Immerhin rund 65.000 Bürger wähnen sich auf der richtigen Seite der Macht und geben »Jedi« als Glaubensrichtung an.

106 Roadhouses

Autobahnraststättenäquivalent

Rast auf Australisch: *Roadhouses* sind die einzigen Zwischenstopps auf wenig befahrenen Highways. Und genau wie bei Autobahnraststätten weiß man nie, was einen dort erwartet.

Vorweg: Es gibt tolle *roadhouses.* Gepflegt, gut ausgestattet, betrieben von freundlichen Leuten. Sie sind Tankstelle, Raststätte, Pub, Hotel, Bushaltestelle, Postfiliale und Tante-Emma-Laden in einem. Doch wenn man Pech hat, gerät man an ein lieblos geführtes Geschäft. Wenn ein solches *roadhouse* die erste Abwechslung nach mehreren Hundert Kilometern hinterm Steuer ist, sind die Erwartungen hoch – und die Enttäuschung kann entsprechend schwer wiegen. Doch die Besitzer können natürlich tun und lassen, was sie wollen. Sie haben ein Monopol und wem es nicht passt, der kann ja woanders hinfahren ...

Oftmals dienen die *roadhouses* nicht nur als Stopp für Durchreisende, sondern auch als Treffpunkt für die wenigen Einheimischen, die im näheren Umkreis (ein bis zwei Stunden Fahrtzeit) wohnen. Für sie ist das *roadhouse* das einzige soziale Zentrum, das es gibt, und die einzige Möglichkeit, mal ein anderes Gesicht zu sehen.

Einmal wurde ich für die Arbeit auf einer wirklich abgelegenen Farm an einem solchen *roadhouse* abgeholt. Ich war etwas irritiert, weil meine Gastgeber noch so viel Zeit an dieser schmucklosen Raststätte verbringen wollten, anstatt sofort heimzufahren – doch für sie war das wortlose Genießen eines kühlen Biers das höchste Glück auf Erden ... und die einzige wirkliche Abwechslung seit Wochen!

ROADHOUSE
SOUVENIRS
OODNADATTA
T SHIRTS
ICE
TAKE
AWAY
FOOD
Coca-Cola
SAVINGS BANK
OF AUSTRALIA

107 Roadtrains

Der Stärkere gewinnt

***Roadtrains* sollte man am besten aus der Ferne bestaunen: Diese Lastwagen stellen die Versorgung abgelegener Orte sicher, und um ökonomisch zu sein, nehmen sie ein paar Anhänger mehr mit.**

Ausgewachsene *roadtrains* können eine Länge von rund 50 Metern erreichen. Entsprechend sollte man davon absehen, ihnen zu nahe zu kommen oder – Gott bewahre – einen zu überholen. Das wäre so, als wolle man in einem Schwung zehn Autos überholen, ohne zu wissen, was einem entgegenkommt. Und weder schnelles Ausweichen noch scharfes Bremsen zählen zu den Stärken von *roadtrains.* Es hat seinen Grund, warum man sie *trains* – Züge – nennt.

Oft sagt man den Fahrern auch einen uncharmanten Fahrstil nach. Mit der Nadel an der Höchstgeschwindigkeit preschen sie über den Highway, ohne Rücksicht auf Verluste, und wirbeln dabei jede Menge Staub auf. Doch der Nutzen solcher Fahrzeuge ist unumstritten: Kein anderes Transportmittel kann ansatzweise mit der Effizienz von *roadtrains* mithalten.

ROAD
TRAIN

108 Schlafen

Vielliegerstatus

Spätestens um acht wird es dunkel. Und kalt. Und die *dropbears* werden aktiv. Und im Fernsehen läuft auch nix Gescheites. Keine Überraschung, dass Australien eine Langschläfernation ist.

Je nach Jahreszeit und Zeitzone wird es in der Tat überraschend früh dunkel. Wenn es zudem in einigen Kilometern Umkreis nichts gibt, dass einen wach halten könnte, ist Schlaf plötzlich eine verlockende Option. Viele meiner Gastgeber gingen spätestens um neun Uhr schlafen; einige, die besonders hart schufteten, auch früher, um ihre zwölf Stunden vollzukriegen.

So extrem ist es sicher bei den meisten nicht, doch bietet es sich an, den eigenen Rhythmus ans Tageslicht anzupassen. Es wird früh hell – und wer den Tag nutzen möchte, muss auch früh aus den Federn. Da kann es ganz normal sein, dass man um sechs (oder früher) mit der Arbeit beginnt. Gerade im Norden möchte man schließlich noch die kühlen Morgenstunden mitnehmen. Die Öffnungszeiten der Banken und Geschäfte sind als Anhalt im Tagesablauf dann vollkommen irrelevant.

Doch zwischen dem frühen Ins-Bett-Fallen und dem frühen Aus-dem-Bett-Schälen liegt immer noch genügend Zeit für eine gute Mütze Schlaf. Wenige Nationen schlummern im Schnitt so viel wie die Australier – und bei Dunkelheit und Stille dürfte es auch wenig andere geben, die so gut schlafen.

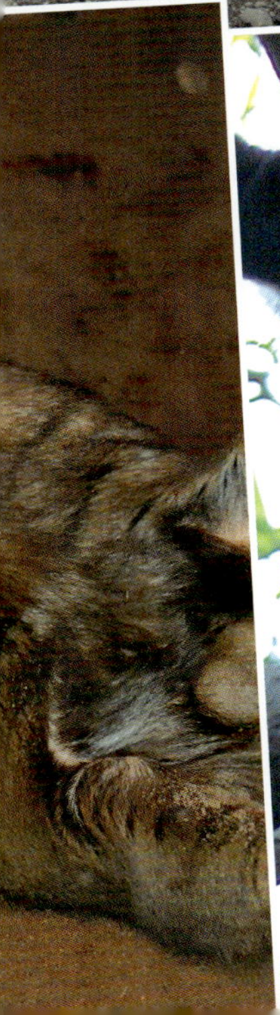

Oben links: Zzzzzzzzz.
Unten links: Zzzzzzzzz.
Rechts: Zzzzzzzzz.

109 Schlangen

Taipan, übernehmen Sie!

***»I still shit myself when I see a snake. But, I used to double-shit myself.«* – Ken, Farmbesitzer (und verkannter Poet) in Western Australia. Sein lapidarer Kommentar zur *brown snake,* die sich auf seinem Grundstück eingenistet hatte, fasst die australische Haltung zu Schlangen passend zusammen.**

Freilich erzählt einem jede Quelle etwas anderes, aber über jeden Zweifel erhaben dürfte die Tatsache sein, dass die Mehrheit der zwanzig giftigsten Schlangen dieser Welt in Australien heimisch ist. König der Giftschlangen ist der *inland taipan,* der genügend Gift in einen Biss packen kann, um 100 Menschen über den Darling River zu schicken ... oder gleich mehrere Tausend Mäuse.

Glücklicherweise sind die meisten der australischen Schlangen alles andere als aggressiv. Da Menschenfleisch ohnehin nicht auf ihrem Speisezettel steht, sind die meisten Zwischenfälle mit Schlangen echte Missverständnisse. Daher sollte man es tunlichst vermeiden, sie einfangen oder mit einem Stock pieken zu wollen. Wer eine Schlange sieht, sollte lieber einen großen Bogen um sie machen. Und wer eine zu spät bemerkt, sollte einfach stillhalten.

Viel größer allerdings ist die Chance, dass man überhaupt keine Schlange zu Gesicht bekommt. Nicht nur weil sie sich gut verstecken und tarnen, sondern auch weil sie ihren Lebensraum nur eingeschränkt mit Stadtmenschen teilen. Wer im Freien arbeitet, wird dagegen regelmäßig unfreiwilligen Kontakt mit allerlei Reptilien – auch den unangenehmen – haben.

Üblicherweise wird der Australier die Gefahr des Schlangenbisses herunterspielen; viele Aussies haben mir zudem versichert, sie hätten Zeit ihres Lebens noch keine Schlange außerhalb des Zoos gesehen. Zudem heißt es, die Schlangen könnten Lärm und Vibrationen über den Boden spüren und würden sich bei geringsten Anzeichen von Gefahr verziehen. Doch darauf sollte man sich nicht verlassen; warum sonst hätte sich eine *red-bellied black snake* so todessehnsüchtig in meinen Rasenmäher geschlängelt? Ein anderer Farmbesitzer in den Northern Territories war genau aus diesem Grund weniger nachsichtig: »Ich bringe jede Schlange um, die ich sehe«, lautete sein Motto. »Lieber eine zu viel als eine zu wenig!«

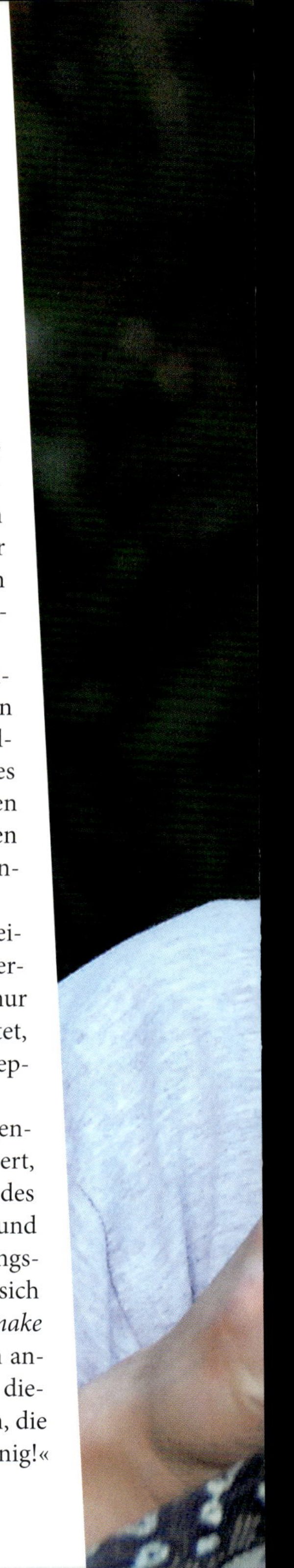

Und so, liebe Kinder, bindet man sich in Queensland eine Krawatte.

110 Schnabeltiere

Kleiner Scherz seitens der Evolution

Kaum ein Tier ist schwieriger zu beobachten: Nur ein winziger Bruchteil der Australier hat schon einmal ein Schnabeltier in der Wildnis gesehen. Schade, denn nur wenige Tiere dieser Welt sind so außergewöhnlich wie das *platypus*.

Zusammen mit den Echidnas sind Schnabeltiere die einzigen Säugetiere, die Eier legen. Doch Schnabeltiere haben noch andere Kuriositäten auf Lager – da ist es fast verständlich, dass man versucht hat, den ersten entdeckten Schnabeltieren den Schnabel abzureißen, weil man sie für einen schlechten Scherz hielt. Dazu kommt, dass die Tiere nahezu blind sind und sich ähnlich wie Delfine über Elektrorezep-

tion orientieren – sprich, sie nehmen ihre Umwelt über elektrische Reize wahr, die ausgesendet oder reflektiert werden. Und zu guter Letzt sind sie giftig. Alle Männchen haben einen Sporn am hinteren Bein, mit dem sie – zumindest theoretisch – Gift verabreichen können. Theoretisch, da es eine reife Meisterleistung wäre, von einem seltenen, scheuen und wenig aggressiven Tier wie dem *platypus* niedergestreckt zu werden.

Wesentlich leichter zu beobachten als in der Wildnis sind Schnabeltiere in den Zoos, wo sie in Stille und Dunkelheit gehalten werden, genauso wie sie es am liebsten haben. Ansonsten benötigt man vor allem Geduld!

111 Signs

Von Schildbürgerstreichen im Schilderwald

Selbst wer keinen Führerschein besitzt und noch nie in Australien gewesen ist, wird mit den berühmten Verkehrsschildern vertraut sein, die vor den teils kuriosen Gefahren warnen, die Verkehrsteilnehmer auf australischen Wegen – und abseits davon – erwarten.

Ein »Vorsicht, Känguru!« erwarten die meisten. Auch »Vorsicht, Kühe!« ist für den europäischen Fahrer noch nachvollziehbar. Aber spätestens wenn vor Wombats, Pinguinen, Kasuaren, Emus, Koalas oder Kamelen gewarnt wird, ist klar, dass man sich in einer anderen Welt befindet.

Hilfreich und ebenso wichtig sind die Hinweise auf die nächsten Raststätten. Oftmals liegen deutlich über hundert Kilometer vor der nächsten Möglichkeit zu tanken, zu essen, zu trinken. Und so manch naiver Reisender überschätzt die eigene Leistungsfähigkeit – oder die des Autos – und weiß dann wenigstens, wie lange er per Anhalter fahren muss, um zum nächsten *roadhouse* zu gelangen. Doch so mancher Hinweis bezieht sich nicht aufs Autofahren, sondern aufs Parken. Viele Tiere, wie etwa Bandicoots oder Pinguine, verstecken sich liebend gerne unter geparkten Autos.

Nicht nur auf der Straße wird gewarnt, was das Zeug hält: Auch auf arglose Strandgänger wartet eine Auswahl an kuriosen Schildern, deren Warnungen man ernst nehmen sollte, wenn man seinen Rückflug auch antreten möchte. Dazu gehören die Warnungen vor Krokodilen, Quallen und starken Strömungen.

Bei allen Motiven liegt aber irgendwie der Verdacht nahe, dass der verantwortliche Grafiker einen Heidenspaß gehabt haben muss, alle denkbaren Gefahren und Überraschungen angemessen zu illustrieren.

112 Skorpione und Tausendfüßler

Ein Blick in die Pfui-Bah-Kiste

Den nervenaufreibendsten Job, den ich je hatte, bekam ich im Norden Queenslands. Für einen Privathaushalt erledigte ich dies und jenes, bis man mich eines Tages damit beauftragte, für eine kleine Mauer Steine zu sammeln. Es sollte eine traumatische Erfahrung werden.

Natürlich ist das Aufsammeln von Steinen per se weder interessant noch spektakulär. Doch im Norden Queenslands, mit all dem, was romantisch mit Biodiversität umschrieben wird, sollte man sich auf einiges gefasst machen. Unter jedem zweiten Stein, den man aufsammelt, wartet eine kleine (oder gar nicht so kleine) Überraschung.

Innerhalb von wenigen Stunden bekam ich unzählige Kriech- und Krabbeltiere zu sehen, die jedem Normalsterblichen (glücklicherweise!) verborgen bleiben. Schlangen, Skorpione, Taranteln, fingerdicke Regenwürmer, Tausendfüßler – kurzum: alles, was das Herz begehrt, und einiges, für das ich nicht einmal einen Namen habe. Ich bin mir jedenfalls sicher: Sollte H. P. Lovecrafts Cthulhu unter uns weilen, so lauert er ohne Zweifel unter einem Stein in Queensland.

Die meisten dieser Tiere gelten als nicht gefährlich, zumindest nicht nach australischen Standards. Das bedeutet allerdings lediglich, dass ihr Biss oder Stich nicht tödlich verläuft. Aber selbst ein Zusammenstoß mit einem winzigen Kriechtier kann äußerst unangenehme Folgen haben, von unsäglichen Schmerzen bis hin zu Herz-Rhythmus-Störungen, die dann halt ein paar Jahre andauern. Schutzkleidung ist daher wärmstens zu empfehlen. Für den normalen Reisenden gibt es aber keinen Grund, nervös zu werden – wer keine Steine einsammelt, wird auch nichts zu Gesicht bekommen, was selbiges weiß werden lässt.

113 Slang
Fifty shades of G'day

Eine kurze Einführung in den australischen Slang

Im Laufe der Jahre hat sich in Australien ein Slang entwickelt, den auch andere englischsprachige Nationen nur schwer verstehen können. Im Wesentlichen liegen diesem Slang drei einfache Regeln zugrunde: Das ursprüngliche Wort wird abgekürzt, mit einem »-ie« oder »-o« als Endung verniedlicht und dann nuschelnd ausgesprochen.

So spricht der Aussie von einem *barbie* am *arvo,* wenn er ein *barbeque* am *afternoon* meint. *Footie* ist *football, bizzo* ist *business* und so weiter. Selbst vor Namen wird nicht Halt gemacht: Auch jemand mit dem Namen Johnno wird ernst genommen!

Diese anfänglichen Verständnisschwierigkeiten kann man rasch aus dem Weg räumen; schwieriger wird es bei den Wörtern und Redewendungen, die die Australier für sich erfunden haben. Von *esky* bis *stubby,* über *wog, tinny* und *swag* hin zum *billy* – wer die Einheimischen wirklich verstehen möchte, muss noch einmal Vokabeln pauken!

Den sprichwörtlichen *shrimp,* den Paul Hogan in einem Werbespot für Amerikaner freundlicherweise noch auf den Grill gelegt hat, nennen die Aussies allerdings *prawn* ... Nicht verwirren lassen! Wer *Australian* ausspricht wie *Strine,* hat bereits eine gute Vorstellung davon, wie der australische Dialekt klingt.

Übrigens: Ayers Rock wird in Australien meistens *Uluru* genannt.

114 Small talk

How are you today?

Der Zug rumpelt gemächlich vor sich hin. Vor mir liegen noch einige Stunden Fahrt – und auf der anderen Seite des Fensters nichts als endlose Eukalyptuswälder. Die Sitznachbarin studiert mein Gepäck, wirft mir einen kritischen Blick zu und fragt: »*So … whereabouts are you from?*« – Und schon sind wir mittendrin in der Wunderwelt des australischen Small Talks.

Das Schöne am Small Talk mit Aussies ist, dass der *talk* gar nicht so *small* wirkt. Sicherlich startet man mit einem oberflächlichen Thema – Reise, Sport und Wetter sind die offensichtlichen Kandidaten –, doch wirkt das Interesse selten künstlich. Wenn man sich wirklich für das Land und seine Leute interessiert, wird man in solchen Konversationen die besten Tipps und die tiefsten Einsichten in die Psyche der Nation erhalten.

Natürlich bedarf es gewisser Übung, bis man als schweigsamer Mitteleuropäer auf solche Konversationen geschmeidig eingehen kann – das erste Mal, als ich in einem Geschäft gefragt wurde, wie mein Tag bislang verlaufen sei, war ich mit der Frage völlig überfordert. Eine konkrete Antwort darauf interessiert normalerweise ziemlich wenig – doch in Australien passierte es immer wieder, dass man mich aus Nettigkeit und Neugier angesprochen hat. Egal wo.

Und mitunter resultierten daraus die besten Gespräche, die man sich etwa für eine eintönige Zugfahrt wünschen kann. So habe ich mich mit einer erstklassigen Großmutter unterhalten können, die mir erzählte, wie sie sich mit Mitte 60 entschied, endlich Literatur zu studieren, in der Uni ihrer über-feministischen Professorin mit Logik auf die Nerven ging und als Abschlussarbeit ihr eigenes Kinderbuch (mit pupsendem Drachen, versteht sich) veröffentlichte.

115 Sounds & smells

Von den Sinnen

Viel wird darüber geschrieben und erzählt, was man in Australien sehen kann. Doch wie schaut es mit den anderen Sinnen aus?

Kaum ein Moment definiert eine Reise in ein fernes Land so sehr wie die erste Brise frischer Luft, die man beim Verlassen des Flugzeugs schnappen kann. Umso überraschter war ich, als ich sowohl in Brisbane als auch in Sydney keinen spezifischen Duft ausmachen konnte; allenfalls der Geruch des nahen Meeres lag in der Luft.

Um das Land gebührend zu erschnuppern, muss man ins Grüne (oder Rote) gehen. Kaum eine Duftnote ist so prägnant wie die der Eukalyptusbäume – noch nach Jahren versetzt sie mich schlagartig zurück nach *down under,* wo man vor lauter Eukalyptusbäumen den Wald nicht mehr sehen kann.

Spannender noch ist der Sound, den Australien bieten kann, denn der ist selbst in den Städten exotisch. Vom Kreischen der Kakadus bis hin zum Singen der Elstern – selten habe ich so unterhaltsame Vögel gesehen und gehört wie in Australien. Auch kuriose Exemplare sind dabei; mehrmals durfte ich einem Vogel lauschen, der zur Verwirrung der weiblichen Passanten passgenau einen Bauarbeiter, der einem steilen Zahn hinterherpfeift, nachahmen konnte.

Außerhalb der Städte sind es nicht nur die Geräusche, sondern auch die Stille, die das Land prägen. Tagsüber sägen die Grillen und Zikaden – teilweise ohrenbetäubend laut – und gelegentlich meint man, aus dem Busch sogar ein rhythmisches Klopfen zu hören – wie eine Hintergrundmusik. All das verschwindet mit dem Einbruch der Dunkelheit: Die Lautlosigkeit ist umfassend, allenfalls das Hüpfen von Kängurus und das Rupfen von Gras durchbrechen die Stille.

Bis zum nächsten Morgen, denn mit dem ersten Licht beginnen allerlei exotische Vögel ihr morgendliches Konzert, und die erste Wärme sorgt für einen exotischen, vollen Duft nach Pflanzen. Noch bevor man die Augen aufmacht, fühlt man sich schon vom prallen Leben umgeben.

Kaum ein Duft ist in Australien so präsent wie das Aroma der Eukalyptusbäume.

Fun fact: Mit 10 bis 15 Zentimetern sind *huntsman spiders* immer noch kleiner als einige der Taranteln, die sich in Australien ebenfalls pudelwohl fühlen. Auch die Spinne im Bild ist eher *grande* als *venti*.

116 Spinnen

I think I spider

»Ja, aber die Spinnen?« – die häufigste Frage, mit der ich mich nach meiner Reise nach Australien konfrontiert sah, bezog sich nicht auf Land und Leute, sondern auf die kleinen und großen Achtbeiner, die scheinbar mehr Reisende aus dem Land halten, als man gemeinhin glauben mag. Aber kein Grund zur Sorge: alles halb so wild.

Es ist sicher nicht leicht, auf dieser Welt mit einer Spinnenphobie zu leben. Von Grönland vielleicht mal abgesehen, wird man in fast jedem Land der Welt früher oder später unangenehmen Spinnen begegnen. Doch die Lage ist selten so unvorteilhaft wie in *down under.*

Australien ist Heimat von (mindestens) zwei giftigen Spezies. Doch für beide gibt es höchst effektive Gegengifte, seit deren Erfindung kein Mensch mehr einem Biss zum Opfer gefallen ist. Beachtet man einige Grundregeln – wie seine Schuhe vor dem Anziehen zu prüfen und den Toilettensitz lieber einmal zu oft anzuheben –, so braucht man sich um seine Gesundheit nicht zu sorgen. Die Routineüberprüfung der Toilette ist übrigens kein Scherz: Gerade *redback spiders* halten sich gerne in *dunnies* auf, sodass die meisten der Bisse genau an den unvorteilhaftesten Stellen gemeldet werden müssen. Darüber hinaus gibt es eine Handvoll Spinnen, deren Biss zwar nicht tödlich, aber äußerst unangenehm sein kann. Praktischer Ratschlag: präventive Vergeltung. Gegen die Symptome eines Spinnenbisses helfen Schuhsohlen.

Oft ist es aber nicht so sehr die Giftigkeit, die Reisende erschrickt, sondern die Größe. Australische Spinnen zählen zu den größten Vertretern ihrer Art. Mit schöner Regelmäßigkeit tauchen im Internet Bilder und Videos auf, in denen Spinnen Vögel und Schlangen naschen, als sei dies völlig selbstverständlich. Diese Bilder und Videos haben die eigenartige Tendenz, aus Australien zu stammen. Wer den Nervenkitzel genießt, kann ja einmal nach der *clock spider* googeln.

Die Chancen, einem solchen Trumm von Tier zu begegnen, stehen ganz hervorragend. Geradezu klassisch ist die Begegnung mit einer *huntsman spider,* die sich auch im Haus äußerst wohlfühlt. Sie ist zwar riesig, aber auch harmlos – und sie hält das eigentliche Ungeziefer in Schach, weshalb sie von vielen Australiern auch drinnen respektiert wird. Doch wie weit man Riesenspinnen tolerieren möchte, ist eine sehr individuelle Frage. Für mich persönlich war eine Grenze erreicht, als sich eine *huntsman* in meine Unterhose verirrte.

117 Sport

Und nun zum Spocht

Es ist das Gesprächsthema Nummer eins in einem Land, in dem das Wetter zu gut ist, um ständig darüber zu reden: der liebe Sport. Doch über Bewegung wird nicht nur geredet; Sport ist eine Ersatzreligion, die mit Wonne praktiziert wird, Korrektur, werden muss.

Schon von klein auf bekommen die Kinder eingeimpft, wie wichtig Bewegung ist. Beliebt sind Cricket und Rugby sowie alle Wassersportarten. Gerade das Schwimmen sollte man beherrschen – und sei es nur, um vor etwas Furchteinflößendem davonschwimmen zu können. Von der Pike auf lernt man außerdem, über sportliche Leistungen zu schwadronieren.

Kein Wunder also, dass die meisten Erwachsenen sich für Sport begeistern können. Körperliche Ertüchtigung ist eine Selbstverständlichkeit; für mangelnde Ausdauer kassiert man bestenfalls Unverständnis. Manch Australier bringt sogar seinen Unmut über die Untrainierten zum Ausdruck, schließlich werden die ja früher oder später zu einer Belastung für alle anderen. Reichlich Munition bietet stets die jüngere Generation, denn die Kinder von heute haben natürlich längst spitzgekriegt, dass Stillsitzen weniger anstrengend ist.

Bei so viel Sportliebe war es für Australien eine Ehre, im Jahre 2000 die Olympiade ausrichten zu dürfen – immerhin eine Veranstaltung, die aus zahlreichen Gründen immer kritischer bewertet wird. Doch die Aussies ließen sich davon nicht beeinflussen und organisierten nicht nur einen gelungenen Wettbewerb, sondern nebenbei noch eine der größten Orgien der Geschichte. Für gut 10.000 Sportlerinnen und Sportler stellte man für den zweiwöchigen Aufenthalt satte 70.000 Kondome bereit – auch hier dürfte der Sportgedanke im Vordergrund gestanden haben, denn es wurden weitere 20.000 Gummis nachbestellt.

Gemessen an der Bevölkerungsgröße ist Australien im Medaillenspiegel deutlich überrepräsentiert – vor allem in Wassersportarten.

118 Star-spangled sky

The greatest show off Earth

Einer der deutlichsten Unterschiede zwischen Stadt und Land dürfte die vollkommene Finsternis sein, mit der man sich konfrontiert sieht, sobald man den Dunstkreis der australischen Städte verlässt.

Die Erkenntnis klingt banal – wo nichts und niemand ist, braucht es auch kein künstliches Licht. Doch viele Besucher des Outbacks haben noch nie eine dermaßen allumfassende Dunkelheit erfahren. Selbst in einem Raum mit großem Fenster wird man nachts Schwierigkeiten haben, die Hand vor Augen zu sehen. Für Aussies, die damit groß geworden sind, ist es zugleich irritierend und erheiternd, festzustellen, wie viele Erwachsene noch Angst im Dunkeln haben.

Doch in den meisten Nächten ist es nicht nur stockfinster, sondern wundervoll. Wer wie ich, als Kind des Ballungsraums, nie

verstehen konnte, woher die Milchstraße ihren Namen ist, ist hier richtig: *Down under* wird man jede Nacht mit diesem Naturschauspiel verwöhnt, dessen Faszination man sich kaum entziehen kann – ein Band aus Tausenden von Sternen, mühelos erkennbar mitten am Himmel. Inmitten dieser Wolke aus Lichtern liegt das *Southern Cross*, das den Seefahrern die Alternative zum Polarstern bietet und aus diesem Grund auch als Wahrzeichen die australische Flagge ziert.

In den südlichen Breiten Australiens kann man mit ein bisschen Glück sogar das Äquivalent des Nordlichts *(Aurora Australis)* beobachten. Dass man wirklich am Ende der Welt angekommen ist, verrät aber ein anderes Detail: In Australien gibt es den Mann im Mond nicht – an seiner Stelle befindet sich ein Häschen, das einen Kinderwagen schiebt.

119 Sträflinge & Stammbäume

A prisoner island

Australien wurde als eine reine Sträflingskolonie gegründet. Obwohl seither gut 200 Jahre vergangen sind, empfiehlt es sich nur bedingt, Australier daran zu erinnern.

Es ist das Jahr 1620. Pilger flüchten vor der religiösen Unterdrückung in die Neue Welt und werden die ersten europäischen Siedler eines unerforschten Kontinents. Das Amerika, das sie begründen, steht für Freiheit.

So weit der Mythos, wie man ihn noch heute in der Schule beigebracht bekommt. Obwohl vieles an diesem Märchen inzwischen widerlegt wurde, verwendet manch Amerikaner viel Zeit und Geld darauf, seine Herkunft auf die ersten Siedler zurückzuführen. Wer direkt von den Pilgern auf der Mayflower abstammt, darf sich dessen zweifelsohne rühmen.

Obwohl gewisse Parallelen bestehen, sieht die Situation in Australien ganz anders aus. Es dauerte lange, bis die ersten Siedler freiwillig die Reise nach *down under* antraten – in der Hoffnung, dort ein besseres Leben führen zu können. Die ganz große Mehrheit waren bis dato Sträflinge: In einer Zeit, in der englischen Henkern das Burn-out drohte, entschied man sich, vermeintliche Verbrecher einfach ans andere Ende der Welt zu verschiffen.

Aus diesem Grund galt es auch lange als ultimatives Tabu, Australier auf diesen Aspekt der Geschichte – und damit auf ihre eigene Herkunft – anzusprechen. Doch in den letzten Jahren scheint sich diese Situation zu entspannen, und das nicht nur, weil viel Zeit vergangen ist. Heute kann man sich die alten Gefängnisse anschauen und ein Gefühl für die Trostlosigkeit bekommen, die die Häftlinge seinerzeit erwartet hat. Zudem zeigt sich, dass die wenigsten der Sträflinge kaltblütige Verbrecher waren – vielmehr war es die englische Vorliebe für drakonische Strafen, die die Massen nach Australien brachte. Schon für den Diebstahl eines Taschentuchs oder eines Brots drohte die Hinrichtung – oder eben die Auslieferung. So gewinnt auch hier die Suche nach den eigenen Wurzeln immer mehr begeisterte Anhänger, die die Archive nach Spuren ihrer Ahnen und deren Geschichten durchforsten.

Ruinen des Gefängnisses von Port Arthur, Tasmanien

120 Street Art

Die Kunst der Stunde

Viel mehr als nur Graffiti: An den überraschendsten Stellen stolpert man über Kunst oder über etwas, das sich zumindest so nennt. Heißeste Adresse für *street art* ist und bleibt Melbourne – die Kulturhauptstadt.

Ich gestehe: Das Erste, was mir in Bezug auf *street art* aufgefallen ist, sind die – durch die Bank – untalentierten Straßenmusiker, die sich mit Vorliebe in Sydney zu versammeln scheinen. Unübersehbar lassen sich am Circular Quay – einem der Knotenpunkte des öffentlichen Verkehrs – zudem immer wieder Performancekünstler nieder, die meist eher weniger gelungene Kunststücke darbieten. Jongleure, Zauberer, Schlangenfrauen und natürlich ein Didgeridoo spielender *aboriginal* gehören zum Standardprogramm.

Doch auf den zweiten Blick offenbart sich viel mehr. Wer durch Sydney streift, wird die ein oder andere kuriose Skulptur entdecken – so wie etwa das Auto, das (ausgerechnet im Stadtteil »The Rocks«) von einem Stein zerquetscht wurde. Oder, eine Spur kleiner, die »Micky-Maus-Pistolen«, die an Dutzenden Stellen in der Stadt wie Ostereier als *guerilla art* versteckt wurden. Doch wer wirklich von einer Skulptur über das nächste Graffiti zu einem wirklich hübschen Kunstwerk stolpern möchte, der muss einen Spaziergang durch Melbourne wagen. Gelungen ist freilich auch hier nicht alles; ein berühmter Fernsehsketch zeigte etwa, dass einige Galerien bereitwillig, wenn nicht gar begeistert Sperrmüll annahmen, um ihn als Meisterwerk auszustellen.

Überraschend trifft einen die Kunst dagegen fernab der Städte. So mancher Eremit hat sich das Bauen von Skulpturen oder Figuren zum Hobby gemacht und stellt seine Werke gut sichtbar an die Straße. Viele Briefkästen entlang einsamer Straßen sind kleine Kunstwerke!

Superb Lyrebird

NACHMACHER!

Einen *superb lyrebird* zu finden, ist gar nicht so leicht. Dennoch kann es gut sein, dass man während eines Besuchs in Australien einen *lyrebird* hört – allerdings wird man es nicht merken. Diese bemerkenswerten Vögel sind nämlich perfekte Imitatoren.

Mit Leichtigkeit kann ein *lyrebird* imitieren, was er hört. Dazu zählen etwa die Vögel aus seinem Lebensraum; selbst bemerkenswerte Rufe wie die eines *whip bird* oder eines Kookaburra imitiert der *lyrebird* mit einer Perfektion, die selbst die Originale irritiert.

Doch damit nicht genug, denn ein talentierter *lyrebird* kann auch unnatürliche Geräusche nachmachen, von Handys bis hin zu Alarmanlagen. Ein berühmtes Video des hochgeachteten Zoologen Sir David Attenborough zeigt beispielsweise, wie ein *lyrebird* das Klicken einer Kamera ebenso gut nachahmen kann wie das Kreischen einer Kettensäge. Wer sich also beim Spaziergang durch den Busch wundert, wo denn die ganzen merkwürdigen Geräusche herkommen: Vermutlich handelt es sich um einen *lyrebird,* der das Attribut »superb« auch verdient!

122 Superlative
The best ... in the world

»Ist das nicht das beste Brot, das du jemals gegessen hast?«, fragte mich mein Gastgeber, als ich an einer Scheibe labbrigen Toasts nuckelte. »Mhh!«, log ich und spülte den faden Geschmack mit einem Glas schalen Brunnenwassers aus dem Mund. »Und? Ist das nicht das beste Wasser, das du jemals gekostet hast?«

Keine Frage, hier liegt ein klarer Fall von verzerrter Wahrnehmung vor. Und: Das ist keine Ausnahme.

Der Australier sieht sich als gesegnet an. Prinzipiell, wenn man von den ganzen Kleinigkeiten mal absieht, ist Australien das beste Land der Welt. Punkt. Wenn man bei lauen Temperaturen im Outback sitzt, auf einem Schaukelstuhl mit einem Känguru im Arm, ist man geneigt, dem zuzustimmen. Doch nicht alle Ecken und Enden Australiens sind so entzückend, und das pralle Lob wird auch von denen ausgesprochen, die für ihren Wohnort, ihr Brot oder ihr Wasser allenfalls 5 von 10 Punkten bekommen würden.

Das hält den Australier nicht davon ab, vieles über den grünen Klee zu loben, vom Wetter bis zum Reisepass. Für die Mitteleuropäer, die in ständiger Kälte leben und sich dann auch noch auf der Pelle hocken müssen, hat man nur seichtes Mitleid übrig.

Entscheidend ist, dass man sich als Gast an die Spielregeln des Verherrlichens hält. Keinesfalls sollte man Kritik an irgendetwas Australischem üben! Zwar ist der Umgang mit Kritik offen, doch nur dann, wenn sie auch von Australiern selber kommt. Als Außenstehender darauf hinzuweisen, dass nicht alles im Lande Sonnenschein und Liebe ist, stellt ein schweres Tabu dar. Auch trotz offensichtlicher Un-Herrlichkeiten – man denke nur an den Umgang mit den *aboriginals* – sollte man auch deutliche Selbstkritik nicht als Aufforderung verstehen, mitzumeckern. Besser ist es, seine Kommentare herunterzuschlucken und später in Buchform zu veröffentlichen.

Der Hang zu Superlativen spiegelt sich auch in der Namensgebung wider – hier der Garden of Eden. Bei den echten Superlativen Australiens handelt es sich allerdings meist um das Größte/Schönste/Beste der südlichen Hemisphäre.

123 Surfen
Bitte ein Brett

Volkssport Surfing: eine Leidenschaft für Groß und Klein, Jung und Alt, Arm und Reich – und für manch einen eine Lebenseinstellung!

An vielen Küstenorten, die mit einer schönen Brandung gesegnet sind, bestimmen die Tiden, wann es sich am besten surfen lässt. So kann es vorkommen, dass Kinder (freiwillig!) schon mit den ersten Sonnenstrahlen aufstehen, um noch vor der Schule eine Runde im Meer zu toben. Genauso steigt mancher Vertreter der arbeitenden Bevölkerung nahtlos vom Business- in den Neoprenanzug, um jede Minute auf dem Brett voll ausnutzen zu können.

Dabei bietet Australien für jeden etwas. Selbst Einsteiger, die noch nie auf einem Surfbrett gestanden haben, finden leicht einen gutmütigen Strand und eine passende Surfschule – aber auch für Profis, die die Gefahr lieben, ist gesorgt. In jedem Fall gilt, dass man die Warnungen ernst nehmen sollte: Mit Strömungen, Haien oder Felsen in der Brandung ist nicht zu spaßen. Für die Leute, die quasi auf dem Brett leben, gehören diese Bedrohungen aber einfach dazu.

Doch obwohl Surfing ein Sport für jedermann – und jedefrau – ist, zieht er nicht nur die *average Joes* an. Rund um den Sport hat sich eine Subkultur entwickelt, die für eines der großen australischen Stereotype verantwortlich zeichnet: das des stattlichen, starken, scharfen Surfers, der stets auf der Suche nach der perfekten Welle ist (und vielleicht nebenbei noch einem Ertrinkenden das Leben rettet). Zwar eifern viele diesem Ideal nach, doch den wenigsten gelingt es – viele Cliquen junger Männer können kaum verheimlichen, dass sie mehr Zeit vor dem Spiegel als auf dem Brett verbringen, und das mit dem coolen Ziel, möglichst so auszusehen, als seien sie gerade erst aus dem Bett gestiegen. Hauptsache, lässig – und die Mode, die zum Sport gehört, ist wichtiger als der Sport selbst. Da sind die Surfer aus Leidenschaft wesentlich sympathischer ... und zahlreicher!

124 Sydney Ferries
Fähre Preise

Sydney hat eine beneidenswerte Lage; direkt am Meer, aber mit einem großen geschützten Hafen in der Mündung des Parramatta River. Von der weltberühmten Harbour Bridge einmal abgesehen, ist der entzückendste Weg, sich in Sydney fortzubewegen, mit der Fähre.

An der nördlichen Spitze des Central Business District, der geschäftigen Innenstadt, liegen die Harbour Bridge und das Opernhaus. Dazwischen befindet sich, als zentrale Haltestelle aller Fährdienste der Sydney Ferries, der Circular Quay. Jedes Jahr nutzen rund 14 Millionen Fahrgäste die Fähren; viele Sydneysider pendeln mit ihnen zur Arbeit, noch mehr nutzen sie in ihrer Freizeit. Beliebte Destinationen sind der Zoo und Manly.

Manly ist so nah – und doch so fern. In mehrfacher Hinsicht. Obwohl der Stadtteil eigentlich nur auf der anderen Seite des Hafens liegt – ein paar Kilometer *as the crow flies* –, kann es eine gefühlte Ewigkeit dauern, sich mit dem Auto durch den dichten Verkehr der Northern Suburbs zu quälen. Viel entspannter ist die Reise auf dem Bötchen: Innerhalb von einer halben Stunde, Sightseeing inklusive, erreicht man Manly und hat die Großstadt weit, weit hinter sich gelassen.

Manly ist wie ein Urlaubsort. Die Uhren ticken etwas langsamer, es ist ruhiger, entspannter und man könnte wetten, dass hier die Sonne öfter scheint als in der Innenstadt.

125 Tall poppy syndrome

Eine Nation voller Blumenkinder

Australien ist ein egalitäres Fleckchen. Herausragende Talente und Leistungen werden geschätzt, übertriebener Eifer und das Streben nach Überlegenheit hingegen brutal geächtet.

Das ist, kurz zusammengefasst, das *tall poppy syndrome.* Hält sich jemand für wichtiger, schöner, besser oder toller als der gemeine Pöbel, so sehen ihn die Australier wie eine Mohnblume, die zurechtgestutzt werden muss, damit sie sich wieder in das Feld aus Mohnblumen einfügt. Und das gilt für jeden: Auch Politiker und Prominente sollten *down under* keine Extrawurst erwarten. Wer nicht bodenständig und bescheiden bleibt, kann sich allenfalls der Ächtung der breiten Masse sicher sein.

Das Stutzen der Mohnblumen übernehmen übrigens die Wallabys. In Tasmanien kursieren immer wieder Geschichten über die Tiere, die sich in Mohnplantagen satt fressen, die eigentlich für die Herstellung von Opiaten in der Medizin gedacht sind. Entsprechend zugedröhnt hüpfen sie nach ausgedehntem Konsum im Kreis und sorgen für kuriose Schlagzeilen in aller Welt.

Hauptsache, nicht zu hoch hinaus!

126

Tasman Bridge Disaster

Brücke auf Krücke

Das Jahr 1975 war erst wenige Tage alt, als es zum Unglück kam. Ein Frachtschiff kollidierte mit der Brücke, die sich über den Hafen von Hobart, Tasmania, spannt.

Das Schiff traf mehrere Stützpfeiler, woraufhin ein großer Teil der Brücke einbrach. 12 Menschen verloren ihr Leben, teils auf dem Schiff, teils in den Autos, die mit der Fahrbahn in die Tiefe stürzten. Das Bild von Fahrzeugen, die gerade noch rechtzeitig bremsen konnten und mit den Vorderreifen schon über dem fünfzig Meter hohen Abgrund hingen, ging um die Welt.

Das *Tasman Bridge Disaster* war sicherlich nicht das verheerendste Unglück in der australischen Geschichte, aber vermutlich das kurioseste. Die Brücke war faktisch die einzige Verbindung zwischen den beiden Hälften Hobarts, die nun effektiv voneinander getrennt wurden. Improvisierte Fährverbindungen konnten die Nachfrage nicht ansatzweise bedienen, und die einzige Alternative bestand in einem 90-minütigen Umweg.

Es dauerte nicht lange, bis sich soziale Spannungen aufbauten. Die Bewohner des östlichen Teils fühlten sich vom öffentlichen Leben abgeschnitten; die wichtigen Einrichtungen wie Krankenhäuser, Schulen und Behörden befanden sich im westlichen Teil. Dass sich die Reparatur der Brücke als äußerst schwierig und zeitraubend entpuppte, tat sein Übriges. Innerhalb weniger Monate stieg die Kriminalität im östlichen Teil rapide an; ebenso gab es deutlich mehr Aggressionen und Auseinandersetzungen, die die Polizei auf Trab hielten. Die östliche Hälfte, eigentlich ein ruhiges Wohngebiet, entwickelte sich tatsächlich zum sozialen Brennpunkt. Erst drei Jahre später, als die Reparatur der Hobart Bridge beendet werden konnte, kehrte auch wieder Normalität ein.

Blick auf Hobart mit seiner Brücke

127

Tasmanian Devil

Der Teufel steckt in Tasmanien

Mauritius hat seinen Dodo, Neuseeland seinen Moa und Tasmanien seinen Tiger. Doch obwohl er seit vielen Jahrzehnten als ausgestorben gilt, gibt es immer wieder Leute, die einen Tasmanischen Tiger gesehen haben wollen. Fast wie bei Loch Ness zieht der Mythos immer wieder neugierige Touristen an.

Weshalb das so ist, dürfte klar werden, wenn man sich die wenigen Bilder anschaut, die von den letzten überlebenden Exemplaren erhalten sind. Tasmanische Tiger sind zugleich faszinierend und unheimlich; riesige Köpfe mit riesigen Zähnen auf einem fast schon zierlichen Körper machen den Tiger eigentlich unverkennbar. Woher all die vermeintlichen Sichtungen herrühren, ist ein Rätsel. Woher der Mythos stammt, nicht.

Auch ein Rätsel ist, was sich die Rechercheabteilung von Warner Bros. gedacht hat, als sie ihren *Tasmanian Devil* erfunden hat. Der Cartoonteufel hat nämlich weniger als nichts mit dem echten Tasmanischen Teufel gemein – weder das Aussehen noch das Verhalten sind auch nur ansatzweise vergleichbar.

Auch bei den Teufeln weiß man nicht, ob man sie süß oder vielleicht doch eher hässlich finden soll. Ein Gesicht, das nur eine Mutter lieben kann. Zumindest sind sie einzigartig – und wer jemals einen Schrei dieser kleinen, aber extrem kraftvollen Beißer hören durfte, wird ihn sicher nicht so schnell vergessen. Wird man in der Stille von seinem Gebrüll überrascht, bleibt keine Hose trocken.

Doch obwohl man sich in Tasmanien der Einzigartigkeit dieser Tiere und ihrer Bedeutung für das Ökosystem bewusst ist – irgendein Aasfresser muss ja die Überreste aus dem Busch räumen –, steht den Tieren das gleiche Schicksal bevor wie dem Tasmanischen Tiger. Allerdings ohne Zutun des Menschen, denn zurzeit werden die Tiere geradezu massenhaft auf die denkbar uncharmanteste Weise dahingerafft – durch hoch ansteckende Gesichtstumore.

128 Tischmanieren
Ein kurzes Kapitel

»Bon appetit«, »Guten Appetit«, »Приятного аппетита!« – die meisten Länder beginnen ihre gemeinsamen Mahlzeiten mit einem Mindestmaß an Etikette, und seien die Teller noch so klein. Aber: andere Länder, andere Sitten.

Dem Englischen fehlt ein starkes Pendant zum »Guten Hunger!«, den man sich vor der Mahlzeit wünscht. Ein *»Enjoy your meal!«* würde den Zweck zwar erfüllen, doch die Sitten zu Tisch sehen es nicht vor. Vielmehr lautet die Maxime: Wer zuletzt fertig ist, verliert.

Bei vielen Familien läuft das gemeinsame Essen nach einem losen Muster ab, in dem sich einmal mehr der australische Pragmatismus spiegelt. Irgendwann schallt der Ruf *»Supper's ready!«* durch die Botanik. Ohne große Würdigung des Kochs bedient sich daraufhin jeder aus Schüsseln oder direkt aus den Töpfen und beginnt die Mahlzeit. Besucher aus Europa irritiert das, wenn sie gewohnt sind, das Essen erst dann zu beginnen, wenn alle ihre Teller voll haben.

In einigen Fällen geht es auch noch einen Hauch rustikaler zu. Anstelle der Ermahnung, still zu sitzen und gründlich zu kauen, erfreuen sich Eltern daran, ihre Kinder im Schnellessen gegeneinander antreten zu lassen. Und es kann auch schon vorkommen, dass sich jemand mit bloßen Händen aus der gemeinsamen Salatschüssel bedient. Anderswo hatte ich Gras im Salat. Oder Dreck – schließlich sei so ein bisschen Sand im Essen gesund ...

Aber herzlich bleibt es in jedem Fall!

Manchmal wird auch einfach nur geschlungen, was das Zeug hält.

Fischfang auf die
altmodische Art

129 Ureinwohner

Aboriginals

Die Beziehung zu den Ureinwohnern Australiens ist alles andere als einfach. Viele Australier sind der Ansicht, *aboriginals* würden sich auf Kosten des Staates ein lockeres Leben machen. Doch so simpel ist die Sache natürlich nicht.

Nach heutigen Kenntnissen kamen die Vorfahren der *aboriginals* vor 40.000 bis 50.000 Jahren nach Australien, wo es ihnen gelang, so ziemlich jeden Winkel des Kontinents zu besiedeln. Angesichts der Tatsache, dass viele dieser Winkel äußerst lebensfeindlich sind, eine durchaus beeindruckende Leistung. Wer das nicht glaubt, ist herzlich eingeladen, einfach mal in den Busch zu laufen und zu sehen, wie weit er mit dieser Taktik kommt.

In der Isolation des australischen Festlandes hat sich zudem eine Kultur entwickelt, die anders ist als alle anderen. Fortschritt und Zeit haben für die *aboriginals* wenig Bedeutung; Spiritualität und Tradition dafür umso mehr. Es heißt sogar, einige Sprachen der *aboriginals* enthielten nicht einmal Worte für »gestern« oder »morgen«. Dass auf einer solchen Grundlage das Zusammenleben mit europäischen Besatzern nicht ganz einfach ist, ist verständlich. Außerdem gibt es nicht nur »die einen« *aboriginals,* sondern zahlreiche Stämme mit eigenen Sprachen und Subkulturen. Heute machen sie rund 3 % der Bevölkerung aus; prominent vertreten sind sie fast nur in den Northern Territories.

Dass man den Ureinwohnern nicht nur das Land, sondern teilweise auch die Kinder weggenommen hat – von Massakern ganz zu schweigen –, wurde lange totgeschwiegen, ist jedoch mittlerweile jedem Australier bekannt. Dennoch reden viele abschätzig über die *abos* und ihren vermeintlichen Mangel an Zivilisation und Kultur. Basis für solche Äußerungen sind meist die unglücklichen Exemplare, die dem Alkohol verfallen sind und damit vor allem in Städten einen negativen Eindruck hinterlassen. Dass die meisten aber ein völlig unauffälliges Leben führen, wird bequem ausgeblendet.

Wer sich aber die Mühe macht, Kultur und Leute ein wenig näher kennenzulernen, wird mit einem sehr charmanten Schlag Menschen belohnt werden.

130

UV-Strahlung

Wear Sunscreen!

Breitkrempiger Hut, überdimensionierte Sonnenbrille, dazu Shorts, die nicht mehr viel der Fantasie übrig lassen, und vielleicht noch was gegen die Fliegen – schon ist das stereotype Bild des Australiers fertig. »So werde ich aber nicht rumlaufen«, beschließt der Reisende, nur um dann seine langsame Verwandlung zu bestaunen.

Die kurzen Hosen sind schließlich bequemer bei der Hitze. Dass sie albern aussehen, stört ja nicht weiter, es sieht einen eh niemand, den man kennt. So weit, so gut.

Wer draußen arbeitet, ist zudem gut beraten, sich eine Kopfbedeckung zuzulegen. Manch einer wählt die klassische Baseballmütze und bereut die Wahl zugunsten des cooleren Kleidungsstücks, sobald die Ohren krebsrot sind und sich häuten. Die Sonne ist gnadenlos: Selbst klatschnasse Wäsche ist im Outback nach einer halben Stunde knochentrocken; lässt man sie länger hängen, kann man sich von den Farben verabschieden.

Ob man seine Haut dieser Strahlung aussetzen möchte, ist natürlich eine andere Frage. Ein Hut wirkt da Wunder, denn er schützt nicht nur vor einem Sonnenstich, sondern spendet auch der Nase und den Ohren Schatten. Also lässt man sich auch zu einem klassischen Akubra überreden. Aus echtem Känguruleder, versteht sich.

Fehlt nur noch die Sonnenbrille. Je nach Untergrund blendet die Sonne auch dann, wenn man sich im Schatten aufhält. Dazu kommen die offiziellen Empfehlungen, jederzeit eine Sonnenbrille zu tragen, um sich vor Augenkrebs zu schützen. Falls es noch nicht deutlich wurde: Die Sonne ist wirklich gnadenlos.

Dennoch sind sowohl Reisende als auch Einheimische nicht immer angemessen vorsichtig. Allen Warnungen zum Trotz wird oft auf die Bräune mehr Wert gelegt als auf die Gesundheit. Sicher sehen viele junge Australierinnen mit dem entsprechenden Teint besonders lecker aus, doch spätestens mit Ende 30 folgt der nahtlose Übergang zum Leder. Australien leidet – zusammen mit Neuseeland – an den weltweit höchsten Quoten von Hautkrebs. Bis zu 50 % der Bevölkerung leiden Zeit ihres Lebens einmal an Melanomen – weshalb sich selbst in jedem Kuhdorf eine spezialisierte Hautkrebsklinik zu befinden scheint.

Between 11 and 3, stand beneath a tree. Ansonsten ist Behütung ein Muss!

131 Vegemite

Schmierig & schwierig

»Was ist das denn?!«, wird sich jeder Besucher in Australien fragen, der sich mit der braunen, klebrigen Masse namens Vegemite konfrontiert sieht. *»It's good for you!«*, lautet die Standardantwort der Einheimischen – und die wirft mehr Fragen auf, als sie Antworten gibt.

Vegemite ist ein Brotaufstrich, der – rein äußerlich – am ehesten mit dunklem Honig vergleichbar ist. Oder vielleicht doch eher mit Nussnugatcreme? Doch der Schein trügt: Anders als man es von einem Aufstrich zum Frühstück erwarten könnte, ist Vegemite weder süß noch auch nur im Entferntesten wohlschmeckend. Es ist ein Brühwürfel in Streichform – und ein entsprechender kulinarischer Schock für alle, die gerne dick auftragen.

Daher ist Vorsicht geboten: Wer wagen möchte, sich auf das Abenteuer Vegemite einzulassen, ist gut beraten, seinen Toast erst einmal hauchdünn zu bestreichen und zu testen, wie ihm das salzige Geschmackserlebnis bekommt. Die meisten, die nicht mit Vegemite aufgewachsen sind, werden keine Fans, zumal die Frage, was Vegemite eigentlich ist, nie befriedigend beantwortet wird. Offiziell handelt es sich um Hefeextrakt – doch was soll das schon bedeuten?

Die Frage, warum die Australier sich selbst – und natürlich ihren Kindern – diesen Geschmack antun, wird stets gleich beantwortet: *»It's good for you!«* Mit dem vagen Verweis auf unnummerierte B-Vitamine ist das Gewissen hinreichend beruhigt, sodass man Vegemite – anders als schändliche Marmelade oder etwa Nussnugatcremes – auch in rauen Mengen konsumieren kann.

Zwar kann man Vegemite auch pur zu sich nehmen, doch so mancher Australier bevorzugt es, sein Sandwich noch zu verfeinern. An Eides statt möchte ich erklären, dass ich sogar jemandem beiwohnen durfte, der – wohlgemerkt zu früher Stunde – seinen Toast mit Vegemite, gekochtem Ei und Avocado genoss.

Auch wer es lieber süß als salzig mag, wird auf seine Kosten kommen.

132 Verkehr

Augen zu und durch

Selbst in Ländern, die sich an Verkehrsregeln halten, begegnet man oft Fahrern mit, sagen wir, begrenzten Qualitäten. Wer sich als Reisender in Australien selber hinters Steuer setzen will, wird unfreiwillig zu einem solchen Fahrer mutieren.

Die größte Verwirrung ist abzusehen: Die Australier weigern sich nach wie vor standhaft, auf der richtigen Seite der Straße zu fahren. Die Gewöhnung an den Linksverkehr fällt vielen Reisenden schwer – gerade bei Kreisverkehren –, doch solange man sich an anderen Autos orientieren kann, ist die Herausforderung zu meistern. Schwieriger wird es auf einsamen Wegen: Eine Mitreisende erzählte mir, wie sie erst nach einer Dreiviertelstunde auf einer kaum befahrenen Straße realisierte, dass sie rechts fuhr – dass ihr niemand entgegenkam, war reines Glück.

Der Teufel liegt im Detail. Obwohl man links fährt, hat man die Regel »rechts vor links« ohne schärferes Nachdenken übernommen. Chaos ist daher vorprogrammiert. Nimmt man noch dazu, dass viele Aussies das Autofahren nicht nur artig in der Fahrschule gelernt, sondern von ihren Eltern beigebracht bekommen haben, schon wird eine einfache Kreuzung zum Hindernisparcours.

Den Vogel schießt aber Melbourne ab; in puncto kuriose Verkehrsführung spielt die Stadt in einer eigenen Liga. Der hier erfundene *hook turn* genießt internationale Berühmtheit, allerdings aus den falschen Gründen. Um auf Hauptverkehrsstraßen die mittig fahrenden Trambahnen nicht zu behindern, biegt man aus der linken Spur nach rechts ab. Bis der Verkehr aus der eigenen Fahrtrichtung ein Abbiegen erlaubt, ordnet man sich quer zum Verkehr der kreuzenden Straße ein, um dann hektisch bis panisch im 90-Grad-Winkel abzubiegen, bevor die anderen grünes Licht bekommen. Alle Klarheiten beseitigt?

Für das organisierte Chaos mitverantwortlich: Melbournes Tramsystem

133

Vögel

Von Kakadus und Konsorten

In der Ecke des Käfigs sitzt ein farbenfroher Kakadu. Er steigt auf einen schräg abwärts verlaufenden Metallstreifen, gleitet stilvoll hinab, bis er sich auf Augenhöhe mit seinem Betrachter befindet, und grüßt: *»Hello!«*

In Australien gibt es jede Menge schräge Vögel, teilweise auch im zoologischen Sinne. Dazu zählen vor allem die Kakadus – große, bunte und alberne Vögel. Man kann sie beim Spielen beobachten (wozu sie sich gerne auf den Rücken legen, um beide Beine frei zu haben), mit ihnen sprechen (ein paar Brocken Englisch schnappen sie schnell auf) oder sie zu einem Snack auf die Schulter einladen (wie im Botanischen Garten von Sydney).

Vögel sind auf dem fünften Kontinent, so die Faustregel, entweder schön oder talentiert. Lorikeets etwa sehen aus wie ein gefiederter Regenbogen, doch kreischen sie fröhlich und ohne Pause durch den Tag. Daneben gibt es auch unscheinbare Vögel, die mehr durch ihr musikalisches Talent auffallen. Wer einmal *down under* gewesen ist, wird nie vergessen, wie die Australische Elster singt oder wie surreal sich das Duett zweier *whip birds* anhört.

Trotz allem: Wer als *galah,* eine Art von Kakadu, bezeichnet wird, sollte das nicht als Kompliment verstehen. Es ist einfach nur eine hübsche Beleidigung für jemanden, der viel Lärm um nichts macht.

134 Vorverurteilungen

»A dingo ate my baby«

1980, Ayers Rock. Eine Geschichte wie aus einem Horrorfilm: Eine Familie unternimmt einen Campingtrip und lässt ihr Baby einen Moment lang außer Acht. Plötzlich ist das Kind verschwunden.

Kaum ein Gerichtsverfahren vermochte die australische Öffentlichkeit so zu fesseln – und zu spalten – wie der Tod der einjährigen Azaria Chamberlain. Nach Aussagen der Mutter wurde das Baby von einem hungrigen Dingo aus dem Zelt geschleift.

Diese Aussage stieß aber auf Zweifel, zunächst bei der Polizei, später auch bei den Medien und der breiten Öffentlichkeit – die Mutter zeigte sich, so beschloss man, nicht emotional genug. Zwar sind Dingos als Wildhunde durchaus Raubtiere, doch waren tödliche Angriffe auf Menschen bis dato nicht bekannt. Es sammelten sich Unstimmigkeiten in der Geschichte, die die Polizei dazu veranlassten, von einem Mord auszugehen. Konsequent wurde gegen die Mutter ermittelt – und allerlei Verschwörungstheorien war Tür und Tor geöffnet, darunter auch kruden Vorwürfen von satanischen Ritualen.

Nach langwierigen Verhandlungen wurde die Mutter schließlich verurteilt. 1982 sah es tatsächlich so aus, als würde sie für den Mord an ihrem Kind den Rest des Lebens im Gefängnis verbringen. Drei Jahre später allerdings kam es zu einem Fund, der die bisherigen Erkenntnisse auf den Kopf stellte: In einem Dingobau unweit der Unglücksstelle wurden Kleiderreste entdeckt. Mit einem Schlag hatte die Geschichte der Mutter wieder Glaubwürdigkeit – und sie wurde aus dem Gefängnis entlassen.

Untersuchung folgte auf Untersuchung. Die geleistete Polizeiarbeit wurde kritisch hinterfragt, die neuen Erkenntnisse wurden gründlich ausgewertet. Doch bedurfte es insgesamt vier Anläufe, bis der Fall im Jahr 2012 (!) endlich abschließend geklärt werden konnte. Offizielle Quellen bestätigen nun, dass das Baby von einem Dingo verschleppt wurde.

Seither werden immer wieder Angriffe von Dingos auf Menschen dokumentiert – vor allem auf Fraser Island, wo die letzten reinrassigen Dingos zu Hause sind.

Können diese Augen lügen? Nach dem aktuellen Stand der Dinge, ja.

135

Waffen

That's not a knife

Schusswaffen sind weitverbreitet. Viele Haushalte haben, mehr oder weniger gut versteckt, ein Gewehr griffbereit. Wozu, ist allerdings nicht immer ganz klar.

Australien darf ohne Weiteres als sicheres Land gelten. Natürlich herrscht innerhalb der Großstädte ein zu erwartendes Maß an Kriminalität, doch gibt es keinen Grund, sich pauschal unsicher zu fühlen. Gerade in den kleineren Gemeinden auf dem Land überwiegt ein Gefühl der Geborgenheit – man passt auf sich auf, man hilft sich, wo man kann. Türen abschließen ist allerdings selten nötig ...

Dank recht liberaler Waffengesetze ist es ein Leichtes, an eine Schusswaffe zu kommen. Glücklicherweise ist die Nation aber nicht so fanatisch begeistert von Schusswaffen, wie man es etwa den Amerikanern nachsagt. Die meisten begnügen sich damit, dass ihnen das Gewehr ein Gefühl der Sicherheit gibt – für den Fall der Fälle. Seine Familie möchte man schließlich verteidigen können, sei es gegen Wildhunde oder den Buhmann. Schießen tut man allenfalls auf leere Konservendosen.

Doch gibt es auch in Australien immer wieder Gesellen, die ihre Redneck-Momente haben. Manch einer erweist seinen Waffen mehr Ehrerbietung, als man noch als gesund bezeichnen kann, und träumt von einem Dasein als Großwildjäger. Um auch der eigentlich geschützten australischen Fauna auf die Pelle rücken und Tiere abknallen zu können, werden gerne Ausreden produziert – wie etwa eine Überpopulation. Dabei trifft es Vögel, Kängurus oder – für die Leute, denen Kirmes zu anspruchsvoll ist – Koalas.

Natürlich ist es nahezu unmöglich, diesem Treiben Einhalt zu gebieten. Es bleibt der Trost, dass viele der Leute, die begeistert mit Schusswaffen herumfuchteln, sich früher oder später auch mal in den Fuß schießen. Dennoch ist Australien auch aus diesem Grund Anziehungspunkt für fanatische Jäger – so etwa gab es in den Northern Territories den Fall, dass seltene Tiere (unter anderem aus Afrika!) in ein Reservat gebracht wurden, nur um dort von gelangweilten Zahnärzten nach Gutdünken abgeschossen zu werden. Auch wenn einem Trophäenjäger das nicht einleuchten mag: Lebendig ist die australische Fauna wesentlich interessanter als ausgestopft über dem Kamin.

136

Wahlen

Drei Kreuze machen

Pflichttermin für alle Australier: Wenn es ums Wählen geht, hat man in Australien keine Wahl. Höchstens die Auswahl zwischen zwei etablierten Parteien und einer Handvoll exotischer Gruppierungen.

Ganz so basisdemokratisch wie in der Schweiz läuft es in Australien nicht, aber fast: Das Land besitzt einige bemerkenswerte Regelungen, die die Demokratie nachhaltig stärken. So ist die Teilnahme an den *federal elections* verpflichtend – wer ohne triftigen Grund seine Stimmabgabe verweigert oder verbummelt, darf mit einer Strafe von mindestens 20 Dollar rechnen, von der Ächtung seiner Mitmenschen ganz zu schweigen. Natürlich ist es dennoch möglich, sich auf mehr oder weniger kreative Weise seiner Stimme zu enthalten, sollte man sich weder von *Labor* noch *Liberals* oder den kuriosen Parteien am Rand angemessen repräsentiert fühlen.

Gelegentlich kommt es auch zu Volksabstimmungen. So hat Australien selbst über seine eigene Hymne abstimmen dürfen – und, viel bedeutender, über seine eigene Verfassung. Ende des 19., Anfang des 20. Jahrhunderts wurde die Bevölkerung befragt, ob sie mit der vorgeschlagenen Verfassung zufrieden sei. Bis heute gibt es neben Australien nur ganz wenige Länder, die sich das getraut haben.

137

Walkabout

Einsicht durch Auslauf

Der *walkabout* – eines der schönsten Worte, die man aus dem australischen Sprachgebrauch klauen kann.

Fragt man zehn Australier, was genau man unter einem *walkabout* zu verstehen hat, wird man mindestens elf Antworten erhalten. Entsprechend lose und vielseitig wird der Begriff mittlerweile verwendet, doch seinem Charme tut das keinen Abbruch.

Der Begriff *walkabout* wurde zum einen für die Initiationsriten der *aboriginals* verwendet, bei denen die Heranwachsenden für eine Weile alleine im Busch zurechtkommen mussten – und auf diese Weise ihre Männlichkeit beweisen konnten. Eine Art Reifeprüfung über das Leben in, mit und gegen die Natur.

Zum anderen verstand man unter dem Begriff auch die spontanen Auszeiten, die sich die *aboriginals* nahmen, um von der stupiden Farmarbeit Abstand zu gewinnen. Von einem Moment auf den anderen waren sie fort – und nahmen sich eine spirituelle Atempause, indem sie durch den Busch wanderten. Und eines Tages wieder auftauchten.

In gewisser Hinsicht trifft auch genau das auf die vielen sinnsuchenden Backpacker zu, die ziellos, aber glücklich durch Australien streifen – nur müsste man eher von einem *driveabout* sprechen (ist komfortabler). Nachdenken, tagträumen, entspannen und – Vorsicht: Esoterik – sich selbst finden. Dort, wo es keine Ablenkung gibt.

Heute wird der *walkabout* auch scherzhaft oder in trivialerem Kontext gebraucht. Das Gefühl dürfte aber jedem bekannt sein: die Lust, einfach weiterzulaufen, und zu sehen, wohin einen die Beine tragen ...

138

Wallaroos

Tierisch gut

Größer als ein Wallaby, handlicher als ein Känguru: Das Wallaroo ist das liebenswerteste Beuteltier Australiens – und doch überraschend unbekannt.

Für den Laien wird es schwierig sein, ein Wallaroo von seinen nahen Verwandten, den Kängurus, oder von einem großen Wallaby zu unterscheiden. Doch sind sich alle Tierpfleger, mit denen ich gesprochen habe, einig: Die ganz besonderen Charaktere finden sich bei Wallaroos.

Die Arbeit mit Tieren ist oft unterhaltsam – und lehrreich. Schnell wird man feststellen, dass jedes Tier einen eigenen Charakter hat. Genau wie bei den Menschen gibt es aggressive, fröhliche, alberne oder stille Tiere. Gerade aber Wallaroos entpuppen sich als höchst amüsante Mitbewohner. Von Natur aus sind sie kletterfreudig und springen auf alles, was nicht niet- und nagelfest ist. Auf den Schoß, auf den Stuhl, auf den Tisch, oder – der Favorit, weil es so schön weich ist – ins Bett. Auch erweisen sich die meisten Wallaroos als zuneigungsbedürftig und erzählfreudig.

Einer meiner Gastgeber erzählte mir von einem von Hand aufgezogenen Wallaroo, das ohne sein Wissen in den Urlaub gefahren ist. Am Straßenrand wartete es, bis ein mit begeisterten Touristen besetztes Auto anhielt, um dann per Anhalter bis zum nächsten Ort mitzufahren. Dort verbrachte es drei Wochen auf dem lokalen Campingplatz, bis es den Pflegern gelang, es wieder ausfindig zu machen.

Unter Einheimischen ...

139

Wassermangel

Tropfen auf den heißen Stein

Ob Norden oder Süden, Westen oder Osten: Das Problem der meisten Regionen Australiens ist nicht, dass es zu wenig regnen würde. Die Niederschläge kommen bloß nicht so, wie man sie braucht, und natürliche Reservoirs sind rar. Da hilft nur eines: Wasser sparen.

Der Großteil der australischen Bevölkerung lebt im Umkreis der wenigen großen Städte. Diese Millionenstädte mit qualitativ hochwertigem Trinkwasser zu versorgen, ist weitaus schwieriger als anderswo, denn Quellen nutzbaren Wassers sind selten. Dennoch gelingt es, ganzjährig eine Versorgung sicherzustellen, wenngleich es in den Sommermonaten schon mal zu reichlich radikalen Einschränkungen kommen kann, wie etwa dem Verbot, den Rasen täglich zu wässern.

Auf der Reise von Süden nach Norden lässt sich das Phänomen der Wasserknappheit noch besser beobachten. Während es in Sydney keine Beschränkung für die Länge einer Dusche gibt, wird die erlaubte Zeit bei vielen Hostels bei der Reise an der Küste entlang immer kürzer. Im Herzen Queenslands wird man dann dazu angehalten, seine Körperreinigung auf drei Minuten zu reduzieren.

Erstaunlicherweise haben viele Australier dennoch kein richtiges Bewusstsein für diese Knappheit entwickelt. Ein eigener Swimmingpool gilt vielen als Selbstverständlichkeit; selbst wassersparende Toiletten oder Duschköpfe sind vielen fremd oder suspekt. Ich habe sogar für eine Familie gearbeitet, die sich ein luxuriöses Badezimmer samt Whirlpool gebaut hat, nur um festzustellen, dass sie zu wenig Wasser zur Verfügung hat, um dieses überhaupt zu nutzen.

Doch auch das andere Extrem ist denkbar: Mir sind genügend Leute begegnet, die nervös wurden, wenn man beim Abwaschen zu viel Wasser verbraucht hat. Da kommt es gerne zu skurrilen Diskussionen: Ist es besser, den Joghurtbecher auszuwaschen und zu recyceln – oder ist es wichtiger, das Wasser zu sparen?

So eine Oase im Garten ist schon eine feine Sache.

140

Waterholes

Planschbecken in der Natur

Weit und breit kein Schatten, von einer Klimaanlage ganz zu schweigen. Die Sonne brennt gnadenlos. Der Schweiß tropft, das mitgebrachte Wasser mag nicht mehr erfrischen. Doch vor einem liegt ein einladender Felspool, der eine Erfrischung verspricht. Eintauchen – oder besser nicht?

Die Antwort lautet: besser einen Einheimischen fragen. Die klassischen *waterholes* sind mit Regen- oder Quellwasser gefüllt und gelten als ungefährlich. Hemmungsloses Hereinspringen kann in diesem Fall empfohlen werden. Solche Reservoirs waren es, die die Besiedlung der abgelegenen Gegenden Australiens schon vor dem Einzug der modernen Technik ermöglichten, und ihr Trinkwasser ist auch heute noch oft von guter Qualität.

Allerdings: Wir wären nicht in Australien, wenn es nicht einen Haken an der Sache gäbe. Oder auch mehrere. Denn für den einfachen Touristen ist nicht immer ersichtlich, ob es sich um einen sicheren Pool handelt oder vielleicht doch um einen beliebten Treffpunkt für Krokodile. Gerade dort, wo die Abkühlung am meisten Not tut, tummeln sich auch Reptilien, die nur darauf warten, dass ihnen ein Snack leichtfertig ins Wasser hüpft. Mit schöner Regelmäßigkeit schaffen es so übermütige Reisende in die australischen Zeitungen: Ihre Kleidungsstücke drapieren sie über die Warnschilder, mit einer Arschbombe geht es dann ins Verderben. Auch geduldige Beobachtung hilft nicht: Krokodile können mehrere Stunden unter Wasser verweilen.

Doch die Gefahr kann auch in kleinerem Format lauern. Gerade in wärmeren Gewässern fühlen sich Amöben pudelwohl. Mit ein wenig Pech dringen sie über die Nase in den Körper ein und erreichen dort genau das, was das Krokodil auch erreicht hätte – nur dass es üblicherweise zwei Wochen länger dauert. Daher auch hier der Rat: Vor dem Kopfsprung jemanden fragen, der sich auskennt.

141 Whalewatching

Flossen hoch

Lange Zeit hat man nur nach Walen Ausschau gehalten, um ihnen bei der nächstbesten Gelegenheit eine Harpune in den Nacken zu setzen. Heute aber überwiegt die Auffassung, man müsse Wale als außerordentliche Geschöpfe beschützen – vielleicht auch weil man mit ihnen lebend mehr Geld verdienen kann.

Die häufigste Spezies in den Gewässern Australiens war der *Southern Right Whale*, der diesen Namen nur trug, weil er der »richtige« Wal war – der richtige, um gejagt zu werden. Wie anderswo auf der Welt auch führte das zu einem raschen Einbruch der gesunden Population, und die Tiere wurden bis an den Rand des Aussterbens gejagt.

Heute könnte die Situation nicht unterschiedlicher sein. Australien ist an vorderster Front unter den Nationen, die sich gegen den Walfang stellen und sich etwa über die Japaner echauffieren, die noch heute begeistert Wale »zu Forschungszwecken« fangen. (Die meisten dieser Forschungsprojekte stehen in Zusammenhang mit der idealen Zubereitung, der passenden Soße und den am besten harmonisierenden Beilagen.)

Den Australiern stößt dies sauer auf, insbesondere wenn andere Nationen in Gewässern wildern, die unangenehm nahe an Australien liegen. Doch der Ärger geht über einen bedingungslosen Naturschutz hinaus: Das *whalewatching* hat sich zu einem touristischen Schwergewicht gemausert. Von Land, zu Boot oder aus dem Flugzeug heraus ist es an vielen Stellen nahe der australischen Küste möglich, sich die majestätischen Tiere aus der Nähe anzuschauen. Viele Reisende – und auch Einheimische – lassen sich dieses Vergnügen einiges kosten.

142 Widmungen

Ehrungen, die der Australier als Anerkennung Ansehen Würde

Eigentlich eine nette Geste: Öffentliche Plätze werden benannt nach Leuten, die sich verdient gemacht haben, im großen oder im kleinen Stil. Doch in Australien scheint dafür das Maß zu fehlen.

Einer der frühen Entdecker im Lande, John McDouall Stuart, darf sich darüber freuen, dass einer der wichtigsten Highways in Australien nach ihm benannt ist. Und so manch anderes. Auch einzelne Regionen oder Landmarken *down under* sind nach Persönlichkeiten, die wesentlich zur Entwicklung Australiens beigetragen haben, benannt und ihnen gewidmet – wie etwa die Strzelecki Ranges oder Mount Kosciuszko, um nur zwei unaussprechliche Beispiele zu nennen.

Doch auch im Kleinen sind die Widmungen ganz groß. In einigen Gemeinden wird man den Eindruck nicht los, jede Verkehrsinsel werde nach einem Bürger, der sich in irgendeiner Weise engagiert hat, benannt. Auch Straßen und einzelne Sitzbänke tragen gerne eine Widmung. Sicherlich ist auch diese Geste gut gemeint, aber angesichts der Tatsache, dass nach anderen Personen ganze Regionen benannt werden, die sich locker mit mitteleuropäischen Ländern messen können, wirkt sie gelegentlich herrlich unterdimensioniert.

Gutes Beispiel – Simpson Desert, doppelt so groß wie Österreich

143 Wilder Westen I

Kalgoorlie

»Das ist vielleicht nicht der Arsch der Welt, aber von hier aus kann ich ihn sehen«, so der knappe Kommentar eines Reisenden zu Kalgoorlie. Passenderweise findet sich hier auch das größte Loch Australiens: die Superpit, ein Tagebau, in dem noch heute im ganz großen Stil Gold gefördert wird.

Kalgoorlie liegt eine halbe Tagesreise westlich von Perth, inmitten des westaustralischen Outbacks. Die Stadt ist durch einen Goldrausch berühmt geworden und ist bis heute einer der wenigen Orte in der Wildnis, die sich der Beliebtheit vieler Reisender erfreuen kann. Gelockt wird man mit der Möglichkeit, den »wilden Westen« Australiens entdecken zu können. In der Tat ist Kalgoorlie eine relativ bequeme Möglichkeit, das Australien, das man im Kopf hat – rot, einsam und wild –, kennenzulernen.

Doch der ach so wilde Westen gibt sich mittlerweile recht brav. Als ich Kalgoorlie besucht habe, wurden um fünf Uhr – pünktlich zum Sonnenuntergang – die Bürgersteige hochgeklappt. Betrieb herrschte allenfalls in den lokalen Bordellen der berühmt-berüchtigten Hay Street und Entertainment bot nur eine Handvoll Besoffener. Dennoch war Kalgoorlie eine Reise wert: Wenige Orte in Australien bieten so viel lebendige Geschichte und außergewöhnliche Sehenswürdigkeiten.

144 Wilder Westen II

Tasmanien

Nicht nur Australien hat seinen »wilden Westen«, sondern auch Tasmanien. Hier sind es allerdings weniger Kultur und Leute, die dieses Bild prägen, sondern die Natur. Und die stellt alle Vorstellungen, die man von Australien haben mag, auf den Kopf.

Tasmanien bietet dichte Wälder, Berge und Unmengen von Tieren. Doch was Tasmanien im Gegensatz zum Festland nicht hat, ist das gute Wetter. An der Ostküste wird man noch schöne, warme Sommermonate erleben können, doch die Westküste ist geprägt von einem Klima, das einem ganz fürchterlich unaustralisch vorkommt.

Berühmteste Sehenswürdigkeit ist der Cradle Mountain National Park im Herzen der Insel. Trotz Tausender Besucher gelingt es diesem Reservat irgendwie, seine Natürlichkeit weitestgehend zu bewahren, doch die Vegetation kann nicht verheimlichen, dass das Klima hier eine deutliche Spur härter ist. Tasmanien liegt in den *roaring forties,* jenen südlichen Breitengraden, in denen es kaum noch Festland gibt. Die starken Westwinde bringen regenreiche Luft nach Tasmanien, die seit Südafrika kein Land mehr gesehen hat – und an den Bergen der Westküste regnen sich die Wolken dann ab. An einigen Orten ist der Himmel hier an neun von zehn Tagen bedeckt; regnen tut es immerhin noch an sieben von zehn Tagen. Von der steifen Brise ganz zu schweigen.

Doch bietet gerade diese Region Tasmaniens einige Überraschungen für alle, die den verschlungenen – und sehr wenig befahrenen – Pfaden entlang der Westküste folgen. Da wäre zunächst Queenstown, eine Stadt, die durch den Bergbau entstanden ist – und durch ihn seine Wälder verloren hat. Um Queenstown herum liegt eine verstörende und zugleich faszinierende Mondlandschaft, und selbst die Bewohner haben sich so sehr an dieses Bild gewöhnt, dass sie sich gar nicht mehr nach einer Aufforstung sehnen. Und dann wäre da noch Strahan, der Geheimtipp, der gar keiner mehr ist: ein kleiner Hafenort, idyllisch, wie aus dem Bilderbuch. Ohne Reservierung für ein Hotelzimmer sollte man sich aber zumindest im Sommer hier nicht mehr hin wagen!

145

Wildtiere

Kängurus III (Auf dem Feld)

Was riecht nach Curry und springt bis zu neun Meter weit? Richtig, Kängurus, bekannteste Vertreter der australischen Fauna.

Hat man ein rotes oder graues Känguru vor sich, so handelt es sich um ein *red kangaroo;* ist es jedoch braun, handelt es sich um ein *grey kangaroo.* Letztere sind noch in zwei Unterarten anzutreffen. Lebt es im Osten, ist es ein *eastern grey;* lebt es im Süden, so gehört es zu den *western greys.* Damit dürften zunächst alle Klarheiten beseitigt sein. Einfache Faustregel: Zieht das Tier alberne Gesichter, haben wir es mit einem *red kangaroo* zu tun.

Grundsätzlich sind Kängurus friedliche Tiere; manche geben sich eher schüchtern, bei anderen überwiegt die Neugier. Achtgeben sollte man allerdings beim Alphatier. Ein ausgewachsenes Känguru überragt einen gleichfalls ausgewachsenen Mann; ebenso ist es muskelbepackt und stets darauf bedacht, klarzustellen, wer das Sagen hat.

Die meiste Zeit jedoch scheinen *roos,* wie sie liebevoll genannt werden, mit professionellem Chillen zu verbringen. Entspannt fläzen sie sich dazu auf dem Boden und lungern vor sich hin. Das scheinbar entspannte Äußere sollte aber nicht täuschen: Kaum eine Spezies lässt sich so leicht in Panik versetzen wie Kängurus – dann fangen sie an zu vibrieren und treffen wirklich, wirklich schlechte Entscheidungen.

Zu Beginn der Besiedlung durch Europäer waren Kängurus übrigens noch vergleichsweise selten. Aber durch die Ausbreitung des Menschen, mit der die Verfügbarkeit von Wasser und Nahrung einherging, kam es zu einer Populationsexplosion der Kängurus. Denn die vermehren sich unter günstigen Bedingungen wie die sprichwörtlichen Karnickel (allerdings riechen männliche *roos,* die paarungsbereit sind, erstaunlicherweise nach Curry!). Und die Weibchen haben die bemerkenswerte Fähigkeit, auch ein befruchtetes Ei sozusagen zwischenzulagern, bis die Gelegenheit zur Aufzucht ideal ist. Und dann erweisen sie sich als äußerst fürsorgliche Mütter – der genialen Erfindung des Beutels sei Dank.

Die australische Fauna hält so manche Überraschung bereit.

146 Wochenmärkte

Feilbieten/Feilschen

Selbst wenn er hundert Kilometer entfernt ist: Die meisten australischen Supermärkte haben ein reichhaltiges Sortiment, das den Großteil der Verbraucher uneingeschränkt zufriedenstellen dürfte. Stehen auf dem Einkaufszettel aber Hundewelpen, exotische Früchte und ein paar Nazi-Reliquien, so ist ein bunter Wochenmarkt die beste Adresse.

Viele der kleineren Farmer scheuen den Umweg über die Handelskette. Sie bieten ihre Produkte direkt auf den populären Wochenmärkten an, wo sie auf eine dankbare Kundschaft treffen, die *organic food* bevorzugt. Von ein paar kuriosen Früchten abgesehen ist das Angebot aber noch nicht überraschend.

Unterhaltsamer ist das Sammelsurium an Kuriositäten, die sonst noch so feilgeboten werden. Woche für Woche warten Verkäufer mit bemerkenswerten Schätzen auf. Manch einer versucht, Welpen zu verkaufen oder einfach nur zu verschenken. Ein anderer verscherbelt seine Kollektion an Buschmessern – an Kinder. Und der Nächste versucht noch einen Profit aus den *war memorabilia* seiner Großeltern zu schlagen. Was andernorts illegal ist, wird einem hier mit unschuldigem Lächeln angeboten. Besser, man investiert in die Kekse, die Nachbars Oma gestern noch gebacken hat. Oder unterstützt die lokalen Künstler und Fotografen, unter denen so manches unentdeckte Talent schlummern dürfte.

147 Wombats

Quadratisch, unpraktisch, gut

Lange bevor der Mensch nach Australien kam, zogen überdimensionierte Versionen der heutigen Beuteltiere durchs Land. Unter ihnen auch ein prähistorischer Wombat, der Diprotodon, der mit einer Schulterhöhe von rund zwei Metern deutlich imposanter war als die heutigen Wombats. Die sind dafür unvergleichlich knuffiger.

Wombats haben mit den anderen ikonischen Tieren Australiens wenig äußerliche Gemeinsamkeiten. Aus völlig unerklärlichen Gründen sind sie auch weitaus weniger bekannt. Für Leute, die sich unter einem Wombat nichts vorstellen können: Kreuzen Sie gedanklich ein Wildschwein mit einem Bären, verkleinern Sie das Produkt der beiden auf einen halben Meter und legen Sie es noch ein gutes Stück tiefer. Je nach Rasse kommen noch ein paar Knopfaugen dazu oder eine haarige Nase. Aus der Entfernung sehen Wombats damit aus wie ein Laib Brot auf kurzen Beinen.

Wie viele der anderen Tiere Australiens sind Wombats nachtaktiv. An bedeckten Tagen wagen sie sich allerdings auch tagsüber aus ihren unterirdischen Bauten. Den größten Teil ihrer Freizeit verbringen Wombats mit Futtern oder Heimwerken. Und genau da liegt das Problem: Wombats leben in überraschend großen Tunnelsystemen, die gerne auch unter Häusern hindurchführen. Viele Hausbesitzer realisieren irgendwann, dass sie einen Untermieter haben, der ihnen durchs Fundament krabbelt, und werden entsprechend ein wenig nervös. Der Umweltschutz geht aber vor; der Wombat hat das Gesetz auf seiner Seite und darf nur mit sehr sanften Methoden zum Umzug motiviert werden. Üblicherweise ist das kein Problem für ihn, denn die meisten Tiere haben ohnehin mehrere Bauten, die sie abwechselnd nutzen.

Junge Wombats sind sehr verspielt und, wenn nicht ihre Scheu überwiegt, Menschen gegenüber sehr aufgeschlossen. In der Pubertät werden sie jedoch schwierig und mürrisch. Es wäre übertrieben, ausgewachsene Wombats als aggressiv oder gefährlich einzustufen, doch ein wenig Vorsicht sollte man beim Kontakt mit den Wildtieren durchaus walten lassen – oder nur diejenigen Tiere herzen, die den Kontakt mit Menschen gewohnt sind.

Um Haus und Hof zu verteidigen, hat der Wombat übrigens eine sehr kreative Lösung entwickelt: Gefährliche Eindringlinge zerdrückt er an den Wänden seiner Bauten – und zwar mit dem Hintern. Ein äußerst solider Knochenbau und ein entsprechend niedriger Schwerpunkt machen das Sitzfleisch des Wombats zu seiner effektivsten Waffe – und den Angreifer zum, naja, »Gearschten«.

148 X-Mas
Schöne Bescherung

Natürlich feiert man auch in Australien Weihnachten. Doch im Hochsommer will einfach keine gemütliche Stimmung aufkommen, wie man sie von der nördlichen Hälfte des Erdballs vielleicht gewohnt ist. Sand statt Schnee und BBQ statt Braten – so gewinnt das Fest der Liebe schnell eine ganz andere Dimension.

Es ist aber auch nicht einfach, zugegeben: Zum Ende des Jahres machen sich üblicherweise die ersten Hitzewellen im Lande breit. Einzelne verwirrte Australier wird das nicht davon abhalten, in das Kostüm des Weihnachtsmannes zu schlüpfen – mit Sonnenbrille, versteht sich. Die breite Masse aber zieht spätestens zu diesem Zeitpunkt lieber Shorts an.

Auch mit der Dekoration hapert es: Ohnehin ist die geschmackvolle Einrichtung nicht die Stärke der Australier. Passende Tannen gibt es von Natur aus nicht in Australien, und bei den extremen Temperaturen würden sie ohnehin in Windeseile eingehen. Daher geht der Trend zum Plastikbaum. Den kann man klassisch dekorieren, am 26. Dezember wieder zusammenklappen und bis zum nächsten Jahr im Schuppen zwischenlagern. Alternativ werden einheimische Bäume verwendet, aber das Fest wird generell mit deutlich weniger Pomp zelebriert.

Das ist natürlich auch nicht jedermanns Sache. Viele Australier sind einfach dazu übergegangen, das Weihnachtsfest auf ihre Weise zu interpretieren. Geschenke gibt es am 25. Dezember – und danach geht es an den Strand, wo mit der Familie gegrillt wird. Statt warmer Getränke gibt es Eisgekühltes.

Doch auch für die Leute, die es eher traditionell mögen, gibt es eine Lösung: Das Fest wird einfach in die Wintermonate verlegt, wo es zumindest etwas kälter und dunkler ist. In einigen Regionen fallen zu dieser Jahreszeit sogar ein paar Flocken, sodass man sich ganz so fühlen kann wie in Europa. Zusätzlicher Vorteil: Die Schokolade im Adventskalender schmilzt nicht so schnell.

3, 2, 1 – Stimmung! Obwohl das australische Klima sicher näher an dem von Bethlehem ist als das mitteleuropäische, tut man sich schwer mit weihnachtlicher Atmosphäre.

149 Zäune

Manchmal muss man Grenzen ziehen

»Kannst du einen Bulldozer fahren?« – eine der besseren Fragen, die man mir in meiner Zeit *down under* stellte, und das ohne einen Anflug von Ironie. Entsprechend groß war die Enttäuschung, als ich verneinen musste.

Auf den ersten Blick scheint das pingelige Verlangen, das eigene Grundstück sauber zu umzäunen, widersinnig. Schließlich sind viele Grundstücke größer als so manche Staaten auf diesem Planeten – und zugleich menschenleer. Doch die saubere Grenze zum Nachbarn erfüllt einen wichtigen Zweck.

Mit einer Schneise, die eben mithilfe eines Bulldozers am leichtesten geschaffen werden kann, konnte schon so manches Buschfeuer in Schach gehalten werden. Obwohl sie sich rasend schnell ausbreiten, reicht oftmals ein Korridor von wenigen Metern ohne brennbares Material, um das eigene Hab und Gut zu schützen, während auf der anderen Seite des Zauns ein Inferno losbricht. In diesem Fall sieht dann das Gras ausnahmsweise auf der eigenen Seite deutlich grüner aus.

Doch auch für die Landwirte ist ein intakter Zaun überlebenswichtig. Findet auch nur ein Tier eine Lücke, so wird es nicht lange dauern, bis andere folgen. Bis man die eigene Herde an Kühen oder Schafen – trotz Brandzeichen oder Markierungen – wieder eingefangen hat, wird viel Zeit ins Land gehen. Gerade bei Schafen gibt es zudem ursächliche Schwierigkeiten, die Tiere nachzuzählen.

Aus diesem Grund ist das *fencing,* die Instandhaltung der Zäune, eine der wichtigsten Aufgaben der Landwirtschaft. Meile für Meile fährt man dazu im Schritttempo an den Zäunen entlang, sichtet den Zustand von Pfählen und Drähten und nimmt, wann immer notwendig, sofortige Reparaturen vor. Ein gut gepflegter Zaun macht wenig Arbeit, sodass das entspannte Kontrollieren eine der angenehmeren Tätigkeiten im Outback darstellt. Leider richtet sich auch hier die Natur tendenziell gegen einen: So mancher Grundstücksbesitzer kann fest einplanen, seinen Zaun alljährlich zu erneuern, da er den Fluten der Regenzeit nicht standhalten kann.

Die australische Begeisterung für die saubere Umfriedung zeigt sich auch in gigantischen Projekten: Zäune von mehreren Hundert Kilometern Länge wurden im Zentrum Australiens errichtet – und das alleine in der Hoffnung, vermeintlichen Plagen Einhalt zu gebieten. So etwa gilt der *dingo fence* mit sportlichen 5.000 Kilometern als längster Zaun der Welt – und führt durch den halben Kontinent.

150 Zeitzonen

Verwirrung vorprogrammiert

Wenn der Rest der westlichen Welt arbeitet, hat Australien frei. Wenn Australien arbeitet, hat der Rest der westlichen Welt frei. Doch nicht nur auf globaler Ebene spielen die Zeitzonen gegen den fünften Kontinent: Auch im eigenen Land sorgen die verschiedenen Uhrzeiten gerne für Verwirrung.

Schlimmer ist es nur für Neuseeland, das noch näher an der Datumsgrenze liegt. Allen internationalen Märkten ist Australien voraus. Bei Asien handelt es sich glücklicherweise nur um wenige Stunden, doch während der gängigen Arbeitszeiten jemanden in Europa oder Amerika ans Telefon zu kriegen, bedarf schon einiger Planung.

Natürlich hat es auch seine Vorteile, dem Rest der Welt voraus zu sein. Doch die Datumsgrenze ist auch nach mehrmaligem Überqueren immer noch verwirrend: So ist die Zeitumstellung in beide Richtungen wie gewohnt, doch verliert man einen Tag ostwärts und gewinnt einen westwärts. Das bedeutet natürlich auch, dass man wichtige Ereignisse erst am Folgetag erfährt: Australier werden vom 11. September erst am 12. September erfahren haben.

Als sei dies noch nicht verwirrend genug, gibt es auch innerhalb des Landes verschiedene Zeitzonen. Prinzipiell sind es drei, die sich an den Grenzen der *states* orientieren. Damit liegen schon drei Stunden Zeitunterschied zwischen Perth und Sydney. Endgültig konfus wird es aber durch die Besonderheit der Northern Territories, die sich in einer halbstündigen Zeitzone befinden, sowie durch die Tatsache, dass einige *states* Sommer- bzw. Winterzeit eingeführt haben. Faktisch bedeutet das, dass man bei der Überquerung einer oder mehrerer Grenzen die Uhr eine, zwei oder drei Stunden bzw. je nach Jahreszeit eine Stunde mehr oder weniger bzw. je nach Grenze eine halbe Stunde mehr oder weniger verstellen muss, vor oder zurück.

Verläuft die Grenze mitten durchs Nirgendwo, ist das weitestgehend folgenlos. Doch das ist nicht immer der Fall: Zwischen Queensland und New South Wales schneidet die Grenze einen Ort entzwei, der für die Hälfte des Jahres in zwei verschiedenen Zeitzonen lebt. Passenderweise liegt der Flughafen der Gold Coast ebenfalls auf dieser Grenze, sodass man vielleicht in einer Zeitzone landet, aber in einer anderen ankommen kann, bevor man wieder in Erstere zurückläuft.

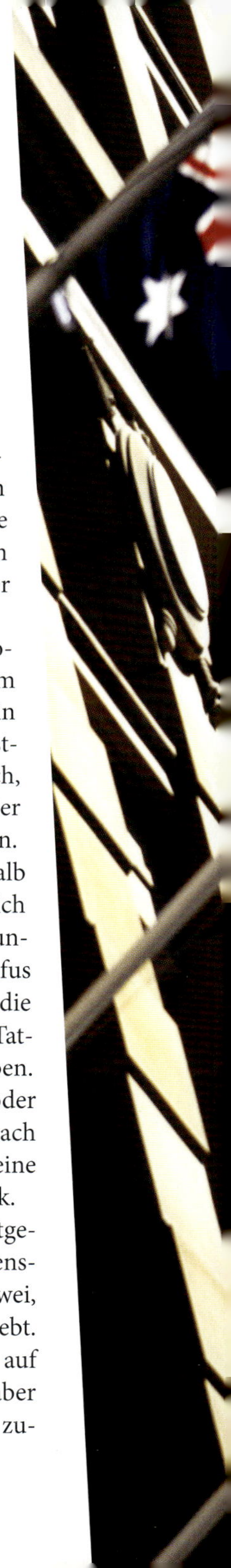

Bei einer Reise in den Outback muss man seine Uhr zudem um mehrere Jahrzehnte zurückdrehen. Auf charmante Weise ist dort vieles noch wie früher.

151 Zum Schluss: Sterben

Gone fishin'

Für manchen Australier ist seine letzte Reise auch die erste: Die Heimatverbundenheit ist stark, die Verpflichtungen wiegen schwer – und woanders ist es ja auch nicht schöner ...

Australien ist ohne Zweifel ein westliches Land. Entsprechend stirbt man auch. Herzinfarkte und Krebs sind die größten Killer im Land, die wirklich exotischen Tode, für die Australien ja durchaus prädestiniert wäre, sind überraschend selten. Doch ein Spaziergang über den Friedhof zeigt, dass Australien auch bei der letzten Ehrerbietung seine eigene Note hat.

Kicking the bucket, wie der Australier das Ableben fast schon liebenswürdig bezeichnet, ist nur der erste Schritt. Danach geht die Suche nach einem schönen Grundstück los. Für die 1A-Lage muss man schon ein wenig warten, viel Geld auf den Tisch legen und sich damit abfinden, dass einem die Nachbarn auf der Pelle hocken. Und das nicht nur nach australischen Maßstäben: Im wundervollen Waverley Cemetery in Sydney, gelegen zwischen den weltberühmten Stränden der Stadt (Meerblick inklusive), reihen sich die Gräber aneinander wie Sardinen in der Büchse.

Viele Friedhöfe legen Wert darauf, dass man nach Glaubensrichtung getrennt wird, sodass man auch dort durch christliche oder etwa jüdische Viertel flanieren kann.

Wie im trauten Heim ist die Dekoration der Gräber sehr dezent, sprich: nicht vorhanden. In den allermeisten Fällen wird das Grab nach der Beerdigung zubetoniert und mit einem Gedenkstein versehen, der dann dem stilvollen Zerfall überlassen wird. Das erleichtert die Grabpflege ungemein, wirkt aber angesichts der üppigen Natur reichlich bequem. Die Möglichkeiten, dem letzten Ruheort eine persönliche Note zu verpassen, sind entsprechend begrenzt. Kreative Sprüche sind gern gesehen, allen voran »*Gone fishin'*« – der Gruß an die Freunde des Meeres, die in die ewigen Angelgründe aufgebrochen sind.

Wo es kein Meer gibt, ist Hitze und Staub. Blumen halten sich in solch gnadenlosem Klima nicht lange, daher werden Plastikblumen favorisiert. Um sie vor Wind und Wetter zu schützen, werden sie unter schmucken Käseglocken platziert. Von unten betrachtet – fast ein wenig … lieblos. Vielleicht kursieren auch deshalb die Geschichten über Leute, die an einem Hügel und im Stehen begraben werden wollen, um die Aussicht genießen zu können.

Mitwirkende

Gemma Sian Richards und Markus Bause sind ein australisch-deutsches Biologenpaar mit derzeitigem Wohnsitz in Norwegen. Der Fokus ihrer Forschungsarbeit liegt auf molekularer Meeresbiologie und beinhaltet unter anderem Mikroskopfotografie. Die dabei erworbene Fähigkeit, Kleinigkeiten zu erfassen und zu dokumentieren, übertragen sie auf die Hobbyfotografie. Auf ihren Reisen versuchen sie, das Schöne im Alltäglichen und das Außergewöhnliche in der Natur fotografisch festzuhalten.

Nina Kraus und Ariane Rooke sind zwei Studentinnen aus Köln. Sie interessierten sich schon immer für andere Kulturen, sind viel gereist und hatten stets Freude daran, dies auch mit der Kamera einzufangen. Nach dem Abitur beschlossen sie, all das zu vereinen – und gemeinsam das Traumziel Australien zu erkunden. Nina studiert Kunstgeschichte und deutsche Literatur in Berlin, Ariane Kunst und Kulturen in Maastricht.

Bei den Länderdokumentationen 151 bisher ebenfalls erschienen:

Einblicke unter: www.1-5-1.de

»Statt langatmiger Abhandlungen hat die Autorin anhand von 151 Stichworten ein Wissen ausgebreitet, das man in den dicksten Wälzern nicht findet.«
(Eurasisches Magazin)

Glaubacker: **Indien 151**
978-3-943176-02-5

»Japan 151 ist eine Bereicherung für jeden, der sich für Japan und alles, was dazugehört, interessiert.«
(Japan-Magazin)

Schumann: **Japan 151**
978-3-943176-27-8

»Ein schönes Buch, kenntnisreich geschrieben und reichhaltig bebildert.«
(Spanien Live)

Graf-Riemann: **Spanien 151**
978-3-943176-12-4

»Mit 15 Jahren Südafrika-Erfahrung ist mir dieses Buch eine uneingeschränkte Empfehlung wert.«
(kapstadt.de)

Beis: **Südafrika 151**
978-3-943176-18-6

»Mit viel Lokalflair, kontroversen Eindrücken und leckeren Höhepunkten puzzelt sich Seite für Seite ein Bildermosaik zusammen, das zum Schluss ein echtes Stück Thailand ergibt.«
(inAsien)

Thielke: **Thailand 151**
978-3-943176-43-8

»Einen besseren Reiseführer als Vietnam 151 kann es kaum geben.«
(Wormser Zeitung)

Frogier: **Vietnam 151**
978-3-943176-42-1

CONBOOK
www.conbook-verlag.de

Erleben Sie mit den Länderkrimis spannende Geschichten inmitten schillernder Kulturen

Reinlesen unter: www.laenderkrimis.de

Andreas Neuenkirchen
Yoyogi Park – Japan-Krimi
ISBN 978-3-943176-62-9

Frühling in Tokio: Im Yoyogi Park nimmt das jährliche Kirschblütenfest ein jähes Ende – die Leiche einer jungen Frau wird gefunden. Es ist der erste große Fall für Inspektorin Yuka Sato und ihr Team. Eine tote Familie auf einem Dachboden, ein scheinbarer Selbstmord in einem Wohnheim, ein Internet-Forum für jugendliche Ausreißer, eine mäßig erfolgreiche Fernsehserie und eine hoffnungsvolle junge Schauspielerin sind Teile eines Puzzles, das Sato schnell zusammensetzen muss. Denn weitere Leben stehen auf dem Spiel – auch ihr eigenes.

***Yoyogi Park* nimmt Sie mit in das moderne Tokio mit all seinen Verlockungen und Gefahren, seiner Pracht und seinen Abgründen. 35 Millionen Einwohner. Einer ist der Mörder. Und sein nächstes Opfer kennt er bereits.**

»Mit Witz und Humor, Lolitas, Kirschblüten und Yakuza. Neuenkirchens Krimi-Debüt ist der Krimi für Fans japanischer Pop-Kultur!«

(Friederike Krempin, japanliteratur.net)

Karin Kaiser
Bangalore Masala – Indien-Krimi
ISBN 978-3-943176-64-3

Die ehrgeizige Journalistin Anjali Mathur lebt in der indischen Millionenstadt Bangalore. Als alleinerziehende und berufstätige Mutter ist sie eine exotische Ausnahmeerscheinung in der traditionellen Kultur ihres Heimatlandes. Gemeinsam mit der Aktivistengruppe »Action Green« kämpft Anjali gegen das wirtschaftliche und politische Großprojekt ISTO, dessen Initiatoren ein riesiges Gebiet geschützten Dschungels mit Skrupellosigkeit und Korruption in Bauland für einen gigantischen Technologiepark umgewandelt haben.

Je näher sie bei ihren Recherchen den Machenschaften der ISTO kommt, desto größer wird die Bedrohung für ihr eigenes Leben. Als ihr dann noch ein entscheidendes Beweisstück in die Hände fällt, wird sie endgültig zur Zielscheibe – und ahnt dabei noch nicht, dass ihr das Wichtigste in ihrem Leben genommen werden wird.

***Bangalore Masala* erzählt die Geschichte einer jungen, indischen Frau im Kampf gegen ein korruptes System, das weder Ehre noch Menschenleben achtet, um die eigenen Ziele zu erreichen.**

CONBOOK
www.conbook-verlag.de